ŻYJĄC WŚRÓD UMARŁYCH

HISTORIA O TYM JAK MOJA BABCIA, DZIĘKI
MIŁOŚCI I SILE, PRZEŻYŁA HOLOKAUST

ADENA BERNSTEIN ASTROWSKY

Żyjąc wśród umarłych. Historia o tym jak moja babcia, dzięki miłości i sile, przeżyła Holokaust

(Tekst zawiera zapiski Mani Lichtenstein, a cała opowieść spisana została przez jej wnuczkę, Adenę Bernstein Astrowsky)

Copyright © Adena Bernstein Astrowsky, 2024

ISBN 9789493322523 (ebook)

ISBN 9789493322516 (wersja papierowa)

Część Serii *Prawdziwe Historie Ocalonych z Holokaustu II Wojny Światowej* Wydawca: Amsterdam Publishers

info@amsterdampublishers.com

Adena.Astrowsky@yahoo.com

Okładka: Mania Lichtenstein ("Bubbie") i matka Adeny w Berlinie po zakończeniu Drugiej Wojny Światowej.

Tłumaczenie: Marta Wasielewska

Wszelkie prawa zastrzeżone. Żadna część tej publikacji nie może być reprodukowana ani przekazywana w żadnej formie lub środkami, elektronicznymi lub mechanicznymi, włączając fotokopiowanie, nagrywanie lub jakikolwiek inny system przechowywania i pozyskiwania informacji, bez wcześniejszej zgody pisanego wydawcy.

ZAWARTOŚĆ

Podziękowania vii
Wstęp ix

1. Bubi 1
2. Świat, który kiedyś znałam 12
3. Nechamka 20
4. Rodzina 23
5. Życie W Polsce 28
6. Kontrola rosyjska 39
7. Niezapomniane obrazy 42
8. Okupacja niemiecka 47
9. Początek końca 51
10. Życie na strychu 60
11. Nowe getto 64
12. Tylko Tysiąc Pozostało 67
13. W lesie 73
14. Wyzwolenie 78
15. Mój dom 81
16. Szukając nowego domu 84
17. Opuszczając Europę broczącą we krwi 88
18. Przeprowadzka do nowego kraju 91
19. Mój dziwny dzień ślubu 99
20. Sprawiedliwi wśród narodów świata 104
21. Więcej zapisków Manii 109

Postscriptum 123
Dodatki 129

„....rzeczy, które zdarzyły się lata temu wciąż migają mi przed oczyma. Gdyby tylko mogły być zmyte przez łzy nimi spowodowane!"

Mania Lichtenstein

Dedykuję tę książkę moim pięknym dzieciom: Sarze, Zacharemu i Gabi. Są one żywym dowodem, że choć 11 milionów ludzi zostało zamordowanych przez nazistów, Hitler poniósł klęskę w swym planie całkowitej eksterminacji Żydów z planety Ziemia.

Niech pamięć o tych, którzy zginęli będzie błogosławiona.

PODZIĘKOWANIA

Chciałabym wyrazić serdeczną wdzięczność wielu osobom, które pomogły uwiecznić historię przetrwania mojej babci. Tworzenie książki takiej jak ta wymagało wielu godzin poza moją pełnoetatową pracą i z dala od mojej rodziny. Chciałabym rozpocząć od podziękowania mojemu mężowi, Bradowi, oraz moim dzieciom, Sarze, Zacharemu i Gabi, za ich cierpliwość i miłość, gdy mnóstwo wieczorów i weekendów poświęcałam na pracę nad tym projektem. Opuszczałam wiele aktywności i spotkań towarzyskich, aby usiąść przy laptopie i prowadzić badania oraz pisać. To z myślą o nich zajęłam się tym projektem.

Chciałabym również podziękować mojej matce, Jeanie Bernstein, za spędzenie ze mną wielu godzin, gdy przechodziłam przez całą historię przetrwania jej matki. Była bardzo pomocna w uzupełnianiu wielu luk powojennych. Pojawiły się również pytania, które wymagały dodatkowej wiedzy na temat szczegółów, a od mojego ojca (Allana Bernsteina), sióstr (Joanny i Corinne) oraz ich rodzin udało mi się uzyskać potrzebne informacje. Również im dziękuję.

Kilka osób pomogło w tłumaczeniu listów napisanych przez moją babcię po polsku i w jidysz. Chciałabym podziękować mojej przyjaciółce, Joannie Jablonski, i jej matce, Eve Morris, za pomoc w tłumaczeniu listu i kartki po polsku. Za dwa listy w jidysz dziękuję Leviemu Levertovowi, Jeffowi Millerowi i Etty Sims za wsparcie.

Szczególne podziękowania należą się personelowi Yad Vashem i Muzeum Pamięci Holokaustu w Stanach Zjednoczonych. Oba muzea dostarczyły wiele zasobów i pomocy podczas pisania tej książki. Chciałabym szczególnie podziękować Marii Sehen z Yad Vashem za pomoc w procesie nominacji Janiny do listy „Sprawiedliwych wśród Narodów Świata" oraz za dodatkową pomoc w znalezieniu informacji o rodzinnym mieście mojej babci. Maria również skontaktowała mnie z przyjaciółką dzieciństwa babci, Genią Seifert, która dostarczyła dodatkowych szczegółów, pomagając mi zrozumieć jak wyglądało jej dziecięce życie. Jesteśmy wdzięczni mojej koleżance ze studiów, Szirze Gafni, która spotkała się z Genią w Izraelu i spędziła u niej czas, zadając wiele pytań w moim imieniu.

Jestem zawsze wdzięczna Marcii Ruth za jej niezwykłe spojrzenie i ubogacenie tej książki wieloma faktami historycznymi. Chciałabym również podziękować Paulowi Howeyowi, który pomógł w redakcji oryginalnego manuskryptu przed jego przesłaniem do wydawnictwa Amsterdam Publishers. Wiele osób ochotniczo przeczytało początkową wersję i podzieliło się spostrzeżeniami. Dziękuję Wam wszystkim za Wasz czas, wsparcie i dobre słowa.

Wreszcie, jestem niezmiernie wdzięczna Liesbeth Heenk z wydawnictwa Amsterdam Publishers za zgodę na opublikowanie tej książki. Od momentu naszej pierwszej rozmowy przez Skype'a wiedziałam, że moja opowieść jest w dobrych rękach i będziemy wspaniale współdziałać. Publikując tę książkę, mamy nadzieję przypominać każdemu nowemu pokoleniu, aby „Nigdy Nie Zapominać".

WSTĘP

zdj. Adena i jej babcia na plaży (1974)

Nazywam się Adena Astrowsky, jestem najstarszą wnuczką Mani Lichtenstein. Moje żydowskie imię to Rywka Nechama. Zostałam tak nazwana po dwóch siostrach mojej babci – Rywce i Nechamie, które zginęły w czasach holokaustu. Zawsze czułam silną więź z obiema tymi kobietami, nie tylko z powodu tych samych imion, lecz także ze względu na opowieści, które słyszałam od babci. Pisanie książki pozwoliło mi poznać szczegóły ocalenia mojej Bubi (babci), a także naprawdę zobaczyć ją w taki sposób jak ona widziała swą matkę – jako bohaterkę.

Byłam w podstawówce, gdy pierwszy raz dowiedziałam się, ze moja Babcia jest ocalałą z Holokaustu. Nawet w tym młodym wieku wiedziałam, że były to straszne, niewyobrażalne czasy w historii świata i miałam świadomość, że Babcia, przeżywając, miała niezwykłe, ogromne szczęście. Lecz, musze przyznać, nie zajęłam się wówczas tym tematem aż do czasu, gdy znalazłam się w szkole średniej. Wtedy zaczęłam zadawać pytania o jej wojenne przeżycia. Na żadne z nich Babcia nie odpowiedziała z łatwością. Tak naprawdę poznawanie jej historii nie było proste dla żadnej z nas.

Pamiętam, że przygotowywałam listę pytań dla Babci podczas, gdy uczyłam się historii świata w szkole. Oczywiście, byłam niecierpliwą nastolatką, której nie chciało się siedzieć i słuchać całej opowieści przez wiele, wiele godzin. Chciałam, aby babcia odpowiedziała szybko i treściwie na konkretne pytania, ale zawsze było jej trudno dawać proste odpowiedzi.

Ponadto moje pytania na pewno nie były dobrze sformułowane, ale miałam wrażenie, że pytanie o jedną sprawę prowadziło do wielu innych tematów. Przypuszczam, ze Babcia nie chciała, abym miała wrażenie, że fragment opowieści może reprezentować całą jej historię. Może czuła, że detale i szczegóły wydarzeń były tak ze sobą splątane, że trudno było odnaleźć w całej opowieści te fakty, których szukałam.

Najbardziej jednak frustrowały mnie koszmary, które zaczęły Babcię prześladować, czasami całymi tygodniami, niebawem po tym, jak zaczęłyśmy rozmawiać o jej przeszłości.

Jest to efekt uboczny, bardzo powszechny wśród ofiar traumy wojennej, przypominanie sobie potwornych wydarzeń jest jak ponowne ich doznawanie. Tego nie chciałam dla mojej Babuni. Mimo wszystko chciała mówić.

Bubi zawsze była mocno przekonana, że trzeba znać swoje korzenie, historię rodziny. Podkreślała wielokrotnie, że przez to, iż pojawiają się nowe pokolenia – ona ma dzieci i jej dzieci mają dzieci itd., Holokaust zostaje odsunięty, wymazany ze świadomości tych nowych generacji. Patrząc, że tak się dzieje, była jeszcze bardziej przekonana, że powinniśmy znać tę wspólną przeszłość.

Celem Babci było nie męczyć nas strasznymi historiami. Chciała raczej wzbogacić nasze życie wiedzą o przeszłości. Innymi słowy, żywiła przekonanie, że nie znając historii jej przetrwania i historii tych, którzy nie przetrwali, nie będziemy nigdy mogli uświadomić sobie czego nam brak. Mam nadzieję – pisząc tę książkę – że potomkowie Babci i inni nie tylko będą wiedzieć o horrorze wojny, lecz również poznają piękno życia żydowskiego.

I tak, przez lata, moja Babcia wybrała ten sposób – pisanie – aby powrócić do przeszłości i wyrazić swoje uczucia i emocje. Często w nocy, gdy nie mogła spać, siadywała przy biurku i pisała. Nawet w późniejszych latach, gdy jej wzrok już szwankował, kontynuowała zapiski z pomocą maszyny powiększającej ELMO.

Pisanie było jej terapią. Dla mnie również niosło to ogromne korzyści, ponieważ łatwiej mi było zrozumieć, co próbowała przekazać. Poprzez jej pisanie byłam w stanie ułożyć historię jej przeżycia. Bubi chciała upewnić się, że reszta świata nie zapomni o pięknie kultury, zanim została tak okropnie zniszczona.

Pisała:

Tyle czasu bezczynności,
tylko moje myśli ciągle pracują...
Tyle wspomnień lat minionych,
zatłaczających moją głowę.
Muszę mówić,
ale kto jest tam, aby słuchać?
Ci, którzy mogliby zrozumieć
są albo już odeszli, albo daleko stąd.
Więc "rozmawiam" przez pisanie,
chociaż jestem jedyną osobą, która słucha.
To dla mnie druga najlepsza rzecz, by ulżyć mojej głowie.

Mogę tylko zgadywać, dlaczego uważała to za drugą najlepszą rzecz. Być może dlatego, że nie miała z kim o tym rozmawiać, co prawdopodobnie by jej się bardziej podobało. Byłam na studiach prawniczych, gdy dowiedziałam się o Fundacji Shoah, organizacji założonej przez Stevena Spielberga, mającej na celu pomaganie przyszłym pokoleniom w zrozumieniu Holokaustu. Robi to między innymi przez zbieranie i zachowywanie osobistych historii ocalałych i innych świadków Holokaustu. Zorganizowałam spotkanie mojej babci z przedstawicielem Fundacji, który przeprowadził wywiad z nią i nagrał zeznania na wideo. Obejrzałam jej czterogodzinny wywiad kilkakrotnie. To bardzo wzmocniło moją świadomość tego, co przeszła — a prawdę mówiąc, co nadal przechodziła. To doświadczenie dodatkowo potwierdziło moją decyzję o napisaniu jej historii. Gdy zaczynałam pisanie, nadal żyła i mieszkała niedaleko mnie. Mogłam często przeprowadzać z nią wywiady na tematy, które wymagały dodatkowego wyjaśnienia i szczegółów.

Z drugiej strony zadawanie jej pytania nie zawsze było łatwe, nie mogłam spodziewać się prostych, jednoznacznych odpowiedzi; ale gdy przyprowadzałam ze sobą moje dzieci — Sarah, Zacharego i Gabi — wydawało się, że pomaga to jej skoncentrować się. Odpowiadała na moje pytania starannie, bo widziała, że także próbują zrozumieć jej historię jako ocalali członkowie czwartego pokolenia.

Zachary, Gabby, Bubbie, Sarah.

Zachary, Gabby, Bubbie, Sarah.

Dwa miesiące po opublikowaniu wcześniejszej wersji tej książki, moja ukochana babcia odeszła. Niech jej pamięć będzie błogosławieństwem. Dużo myślałam o tym, dlaczego ten projekt jest dla mnie ważny. Na początku odpowiedź była prosta: uczcić szczegóły przeżycia mojej babci, aby nasze dzieci i wszystkie przyszłe pokolenia mogły to przeczytać i zrozumieć.

Wszyscy słyszeliśmy: „Nigdy nie możemy zapomnieć, aby nigdy więcej to się nie wydarzyło". Wierzę, że moje pokolenie posiada moc "nigdy więcej", zapewniając, że następne pokolenie rzeczywiście "nigdy nie zapomni".

Nadal wierzę i mam nadzieję, że to, czego się uczymy z jednego ludobójstwa, może nam, z Bożą pomocą, pomóc zapobiec kolejnemu. Od dawna czuję to, co psycholog Dina Wardi opisuje w swojej książce „Memorial Candles: Children of the Holocaust", kiedy opowiada o tym, jak to jest być członkiem rodziny, który sam zdecydował się być tym, który niesie pamięć i dziedzictwo tych, którzy przeżyli lub nie przeżyli.

Wiem, że — rozwijając swoją wiedzę na temat Holokaustu i żyjąc jako matka trójki nastoletnich dzieci — staję się bardziej świadoma antysemityzmu, który wciąż jest obecny w krajach na całym świecie. Wiem także, że ludobójstwo nadal trwa dla innych grup, które, podobnie jak Żydzi około 80 lat temu, są mordowane tylko ze względu na swoją przynależność etniczną.

Dlatego też szczególnie wzruszające było w kwietniu 2019 roku, gdy świątynia Solel (moje miejsce kultu w Paradise Valley w Arizonie) przyjęła rodzinę uchodźców, która uciekła z Syrii dotkniętej wojną dzięki programowi pomocy dla uchodźców syryjskich. Była to czteroosobowa rodzina — mama, tata, syn i córka. Przenieśli się do Stanów Zjednoczonych, ponieważ ich rząd obracał się przeciwko swoim obywatelom. Syryjska policja strzelała do ojca. Nie czuli, że mogliby tam przeżyć. Biuro Uchodźców Syryjskich w Jordanii, które pomogło im w emigracji, wybrało Stany Zjednoczone jako bezpieczne miejsce. Ta rodzina niewiele wiedziała o zachodniej kulturze i chociaż mieszkała w Stanach Zjednoczonych przez dwa lata w chwili, gdy wystąpili w mojej świątyni, tylko dzieci potrafiły mówić po angielsku.

To rozterki, które mieli i możliwość, jaką dostali tutaj, w Stanach Zjednoczonych, przypominały mi moją babcię i podstawowe umiejętności niezbędne do przeżycia takie jak znajomość lokalnego języka. Oprócz nauki polskiego w szkole i jidysz w domu moja babcia nauczyła się także rosyjskiego, niemieckiego, francuskiego i angielskiego z potrzeby przetrwania i utrzymania swojej rodziny. Podobnie jak uchodźcza rodzina, która przeprowadziła się do Ameryki i musiała nauczyć się angielskiego, moja babcia także była zmuszona uczyć się nowych języków, aby asymilować się, wychowywać dzieci, utrzymać pracę, rozmawiać z sąsiadami itp. Moim celem przy pisaniu tej książki jest zwrócenie uwagi na ludzi prześladowanych za to, kim są. Chcę wspierać zrozumienie i empatię, zwłaszcza w odniesieniu do pokolenia prawie już nieobecnego, opowiadając historię babci o nadziei i przetrwaniu, gdy wszystko inne było stracone.

Moja babcia miała jedno słowo, aby opisać, jak przetrwała Holokaust — ludobójstwo, które zamordowało jej całą rodzinę:

„Jako ocalała z Holokaustu, bardzo często zadają mi pytanie: „Jak przeżyłaś?" Naprawdę, jak? Ja, najmłodsza z rodziny, nieśmiała, zdecydowanie nie bohaterska. Mogłabym odpowiedzieć jednym słowem: Los. Miałam przeżyć trzy pogromy, które zniszczyły około 26 000 Żydów z miasta."

- Mania Lichtenstein, 1995

I zadawała to samo pytanie, które było zadawane przez tyle lat: dlaczego nazistowskie Niemcy zamordowały miliony żydowskich mężczyzn, kobiet i dzieci, Romów, Świadków Jehowy, Adwentystów Dnia Siódmego, homoseksualistów, przeciwników politycznych i dysydentów oraz innych?

Dlaczego
Budzę się i płaczę,
Moje bolesne serce wypowiada — dlaczego?
Dlaczego zrobili nam to?
Nie mogę powstrzymać łez,
Które ciągle spływają po mojej twarzy,
Bo ból w moim sercu trwa.

Mania Lichtenstein, 1980

Poniżej znajduje się historia mojej babci.

1

BUBI

Bubi była córką, siostrą, żoną, matką dwójki dzieci, babcią pięciorga, prababcią dziesięciorga. I była Ocalałą z Holokaustu. To opowieść o jej życiu — lub przynajmniej o fragmentach tego życia, które dzieliła się ze mną w rozmowach i w swoich zapiskach. Opowiadała o najwcześniejszych wspomnieniach z dzieciństwa i przeżyciach związanych z Holokaustem.

Jej historia teraz jest historią. Ale ponieważ jakoś cudownie przeżyła straszliwe wydarzenia i niepojęte upokorzenia, jej rodzina, wiara i nadzieja — także przetrwały.

Podobnie jak większość członków mojego pokolenia, urodzonych trzy dekady po zakończeniu II wojny światowej, przystąpiłam do tej historii z praktycznie zerowym zrozumieniem losu Żydów w czasie Holokaustu, a tym bardziej mojej własnej babci.

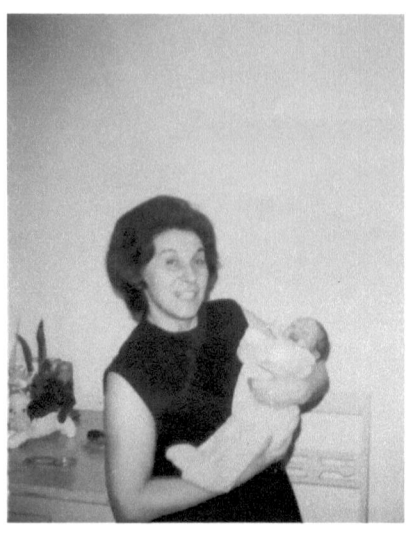

Adena, trzymana przez Babcię, niebawem po urodzeniu, IV 1971 r.

Wychowywałam się w pięknym domu otoczonym rodziną i przyjaciółmi. Byłam zaangażowana w wiele aktywności szkolnych i pod każdym względem byłam normalnym, szczęśliwym dzieckiem. Jednak w trakcie dorastania nie mogłam nie zauważyć tego, co często nazywa się „obecnością nieobecności" po stronie matki.

Gdy spotykaliśmy się z rodziną po stronie ojca, było tam mnóstwo ciotek, wujków i kuzynów pierwszego stopnia. Jeden z nich nadał mi przezwisko „Numer 9", a ja do dziś nazywam go „Numer 5", sygnalizując kolejność urodzin kuzynów pierwszego stopnia po stronie ojca.

Jednak po stronie matki dorastałam tylko z jedną ciotką, która wyszła za mąż, gdy byłam nastolatką. Podczas mojej nauki w liceum urodziła ona dwie córki. Oczywiście była też moja babcia, moja Bubi. Tak więc w porównaniu do strony ojca, rodzina matki była bardzo mała. I kiedyś, podczas moich lat w liceum, ta różnica zaczęła mieć dla mnie znaczenie.

Jako pierwsza wnuczka mojej babci miałam ogromne szczęście spędzić z nią wiele czasu. Krótko po moim urodzeniu w stanie Maryland, moja rodzina wróciła do Kanady (rodzice mieszkali w

Montrealu przed moim urodzeniem) i zamieszkała w tym samym budynku mieszkalnym co moja babcia — w Cote St. Luc, w Montrealu. Każdego dnia siedziałyśmy z mamą w moim pokoju i wyczekiwałyśmy aż moja babcia wróci z pracy jako księgowa. Gdy przychodziła, często zabierała mnie z naszego mieszkania na parterze do swojego na wyższym piętrze, gdzie spędzałyśmy razem czas, bawiąc się i rozmawiając. To pozwalało moim rodzicom spędzić trochę czasu sam na sam, gdy mój ojciec wracał z pracy. Teraz, jako rodzic trojga dzieci, doceniam jak ważne mogą być te chwile bez małego dziecka u boku! (Co więcej, jeśli spojrzysz na zdjęcia zrobione we wczesnych latach mojego dzieciństwa, zauważysz zauważalny wzrost wagi, ponieważ moja babcia wykorzystywała ten czas, aby nakarmić mnie ciasteczkami, które tak bardzo lubiłam!) Moje siostry urodziły się w ciągu kolejnych lat i wkrótce przeprowadziliśmy się do domu w Dollard des Ormeaux, na przedmieściach Montrealu. Mam ciepłe i wspaniałe wspomnienia z tych czasów spędzonych z moją babcią. Pamiętam, jak bawiłyśmy się w grę, w której kręciła mnie wokół w swoim zielonym koszu na pranie. Również robiła lalki z ręczników dla mnie i moich sióstr, co kontynuowała przy moich dzieciach, gdy były małe. Rysowała też obrazki kotków, podobnie jak później robiła to z moimi dziećmi. Moje ulubione wspomnienie? To muszą być ciasteczka z cukrem, które piekła według przepisu zapamiętanego z czasów, gdy mieszkała w Niemczech. Mogę zamknąć oczy i wciąż widzieć jak używa foremek do ciasteczek, by przygotować te pyszne smakołyki.

W 1976 roku wybory w Quebecu obejmowały trzy odłamy polityczne. Zwycięska partia („Partie Quebecquoise" pod przewodnictwem Premiera Rene Leveque'a) wygrała z 40 procentami głosów. Była to partia separatystyczna, której celem było odłączenie Quebecu od Kanady i funkcjonowanie jako niepodległe państwo. Wprowadzili szereg nowych zasad, w tym wiele dotyczących języka, co utrudniało prowadzenie biznesów. Na przykład, aby posłać dziecko do anglojęzycznej szkoły, przynajmniej jedno z rodziców musiało uczęszczać do takiej szkoły.

Z wielu powodów, w tym politycznych, moi rodzice przeprowadzili się do Stanów Zjednoczonych w 1978 roku. Konieczne było, aby złożyli wnioski o wizy, a moja ciotka ze strony ojca, która mieszkała w Nowym Jorku, musiała za nas ręczyć, abyśmy mogli wjechać do Stanów Zjednoczonych. Dlatego, z powodu problemów politycznych i gospodarczych w Montrealu, moja rodzina przeniosła się do Arizony. Wychowywanie się tak blisko babci było naprawdę błogosławieństwem, ponieważ pozwoliło mi spędzić z nią wiele cennego czasu, poznając ją i tworząc fantastyczne wspomnienia, które są ze mną do dnia dzisiejszego. Moja babcia była zapaloną czytelniczką. Kochała czytać książki, zwłaszcza te autorstwa Jamesa Michenera, Leona Urisa, Fiodora Dostojewskiego. Po przeczytaniu „Wojny i pokoju" Lwa Tołstoja, żartowała z moją matką na temat trudności w wymawianiu długich nazwisk używanych w książce, ponieważ "ciągnęły się i ciągnęły".

Bubi uwielbiała także muzykę, zwłaszcza kompozycje Johanna Straussa II i Fryderyka Chopina. Cieszyła się również operami takimi jak „Wesoła wdówka", „Rigoletto" i „La Bohème". Moja matka opowiadała mi, że pamięta czasy swojej młodości w latach 50., kiedy babcia prosiła ją, aby nauczyła ją „cha-cha" i jitterbuga. Po prostu uwielbiała tańczyć! Po narodzinach dzieci babcia powiedziała, że naprawdę uświadomiło jej to, że — pomimo niewyobrażalnej skali jego nienawiści i przemocy — Hitlerowi nie udało się zetrzeć wszystkich Żydów z powierzchni ziemi. Jedyna ocalała w swojej rodzinie, urodziła dwie córki, które z kolei urodziły jej pięcioro wnuków. A potem ci wnukowie dorastali i mieli swoje dzieci. Była prababcią dla jeszcze większej liczby małych istot. Kiedy o tym myślała, wzruszała się bardzo. Nie tylko ja, ale także troje moich dzieci miały szczęście spędzić z nią czas swojego dzieciństwa. Doświadczyły tych samych zajęć — wytwarzania lalek, rysowania kotków na papierze i jedzenia ciasteczek z cukrem w kształcie tych samych foremek, których używała, gdy ja byłam dzieckiem. W każdym grudniu odwiedzaliśmy ją w dniu urodzin, przynosząc bukiet słoneczników — kwiatów, które zawsze przypominały jej o domu i ogrodzie z dzieciństwa. Biegnąc korytarzem, widzieliśmy ją stojącą przed drzwiami mieszkania i czekającą na nas. Moje dzieci często krzyczały: „Wszystkiego najlepszego, Prababciu", na co ona zawsze ich gwałtownie uciszała, ponieważ chociaż jej prawdziwe urodziny były w grudniu, we wszystkich swoich dokumentach nadal używała fałszywej (lub dziedziczonej) marcowej daty urodzenia. I chociaż II wojna światowa dawno minęła, nadal była nerwowa, że ktoś może się dowiedzieć prawdy, jakby nazista czyhał gdzieś w pobliżu. Nawet bawiło nas oglądanie urodzinowych ogłoszeń w windach i na ścianach domu opieki, w którym spędziła swoje ostatnie lata. Co roku w marcu fałszywe świętowanie urodzin stawało się punktem kulminacyjnym, stając się rodzinnym żartem. Upór Bubi w używaniu fałszywej daty urodzenia był świadectwem trwałego wpływu traumy, którą przeżyła podczas II wojny światowej oraz trwającego strachu przed potencjalnymi zagrożeniami. Dom opieki, w którym spędziła swoje ostatnie lata, stał się miejscem pełnym nowych przyjaźni i wspólnych aktywności. Pomimo wyzwań związanych z procesem starzenia, Bubi nadal przyjmowała życie z uśmiechem i czerpała radość z towarzystwa innych. Wspólne śmiechy i serdeczność między mieszkańcami, włączając w to żartobliwe kpienie związane z fałszywymi urodzinami, stworzyły poczucie ciepła i przynależności w jej późniejszych latach.

Czasami doświadczałam niecierpliwości, gdy moje dzieci skarżyły się, że są „głodne". Zawsze te sytuacje przywoływały we mnie wspomnienia opowieści mojej babci o tym, jak podczas wojny była zmuszona do przeżywania dni, a nawet tygodni, z niewielką ilością jedzenia i niewielką ilością wody. Czułam jak napięcie we mnie narastało, gdy przypominałam im, że na pewno nie są „głodne". Opowiadałam dzieciom jak ich prababcia kiedyś spędziła piętnaście dni, ukrywając się na strychu, prawie nic nie jedząc i pijąc tylko brudną wodę. Oczywiście, dzieci zaczęły się męczyć tą opowieścią, ale starałam się przypominać im historię przetrwania ich prababci za każdym razem, gdy skarżyły się na głód.

Kilka lat przed śmiercią mojej babci zaczęłam myśleć o potrzebie zebrania wszystkich jej wierszy i prozy. Chciałam się upewnić, że wszystko zostanie bezpiecznie przechowane dla moich dzieci, ich dzieci i dzieci ich dzieci.

Czytając jej teksty, zdałam sobie sprawę, że wiele szczegółów związanych z jej przetrwaniem nie zostało przez nią uwiecznionych na papierze. Z myślą o tym obejrzałam jej nagranie w ramach projektu Shoah Stevena Spielberga i zaczęłam łączyć tę wersję wydarzeń z jej własnymi tekstami.

Zrozumiałe jest, że większość ocalałych ma trudności z opowiadaniem o tym, co widzieli i przeżyli. Tak było z moją babcią, jak już wcześniej wspomniałam, nigdy nie dawała prostych odpowiedzi na moje pytania. Zaczęłam więc spędzać z nią więcej czasu przy każdej nadarzającej się okazji, z przygotowanym laptopem zadawałam pytania i dokumentowałam jej odpowiedzi, starając się wypełnić puste miejsca.

Przy jednej z takich okazji mój syn Zachary i ja dołączyliśmy do niej na kolację w małej restauracji w domu opieki. Nie pamiętam teraz, o czym dokładnie była mowa, ale wiem, że zamiast aktualnego tematu Bubi postanowiła opowiedzieć Zacharemu i mnie o słonecznikach, które dziko rosły w ogrodzie jej rodziny, gdy była dzieckiem i jak to nawet dzisiaj przypominały jej one o domu z dzieciństwa. Stanowiły symbol tego, co kochane, symbol tego, co było dobre przed wojną.

Gdy wersja robocza była gotowa, wraz z moimi dziećmi przynieśliśmy kopię dla Bubi. Pamiętam jak wzruszona była i jak wdzięczna, ponieważ jej historia została teraz udokumentowana i zachowana dla wszystkich pokoleń, które po niej nadejdą.

Jest coś jednocześnie poruszającego i niezwykle ważnego w niezapominaniu tych historii. Potomkowie drugiego i trzeciego pokolenia muszą wziąć na siebie odpowiedzialność za to, aby te opowieści pozostały przy życiu.

Gabby, Bubbie, Adena, Sarah, Zachary.

Ta świadomość była iskrą, która skłoniła mnie do napisania pierwszej wersji tej książki. Moja babcia zmarła dwa miesiące po otrzymaniu swojej kopii.

Niektórzy członkowie rodziny spekulowali, że kontynuowała życie aż do opublikowania książki, ponieważ „znajomość swoich korzeni" była dla niej tak istotna. Ostatniej nocy, kiedy była w szpitalu przed przeniesieniem do opieki hospicyjnej, odwiedziły ją moje bliźniaki, Sarah i Zachary. Ich B'nai Micwa miała miejsce około tydzień później.

Mimo że moja babcia nie była szczególnie religijną osobą, poprosiła ich, aby recytowali dla niej swoje fragmenty Tory lub przynajmniej tyle, ile byli w stanie przypomnieć sobie z pamięci. Byłam ogromnie dumna, że oboje tak dobrze nauczyli się swoich części. Podczas gdy odmawiali je po hebrajsku, zamknęła oczy i słuchała jak śpiewają.

Nie wiem, co wtedy myślała, ale nie sposób było przeoczyć spokoju na jej twarzy. Wydawała się być w pokoju. Być może czuła się błogosławiona, mogąc usłyszeć Torę, wiedząc, że najprawdopodobniej nie będzie mogła osobiście uczestniczyć w ich B'nai Micwa.

Być może, słysząc śpiew hebrajski, przypomniała jej się dawna przeszłość. Albo może wiedziała, że umiera, i było coś pocieszającego w słuchaniu swoich prawnucząt modlących się, gdy przygotowywali się, by stać się Bar i Bat Micwa, zachowując w ten sposób religijną tradycję i kulturę naszej rodziny i przodków. Oczywiście nie znam odpowiedzi, ale patrząc, jak zamykała oczy i słuchała moich dzieci i mnie, wydawała się być w pokoju.

Trzy dni przed B'nai Micwa Sarah i Zachary, zmarła. W piątek po jej śmierci uczestniczyliśmy w pogrzebie, gdzie każde z moich dzieci wygłosiło mowę pogrzebową.

„Jestem Sarah Astrowsky," zaczęła moja córka, „prawnuczka Mani. Moja prababcia jest dla mnie bardzo wyjątkowa. To moja bohaterka. Tak bardzo ją podziwiam. To, czego się od niej nauczyłam, to nigdy się nie poddawać i ciągle próbować. Tylko dlatego, że coś się wydarzyło, nie oznacza, że musisz się poddać. To sprawia, że rozwijasz się jako osoba, co pokazała nam na podstawie tego, przez co przeszła. Naprawdę było to przygnębiające, gdy dowiedziałam się o jej śmierci. Teraz jest w lepszym miejscu i może zobaczyć swoich rodziców, męża i siostry, do których bardzo tęskniła. Spogląda na nas z góry i jest bardzo dumna z nas wszystkich. To daje mi szczególne uczucie, że wiem, że będzie przy mnie „głodne". nawet w trudnych chwilach. Kocham cię tak bardzo, Prababciu, i jestem tak szczęśliwa, że miałam przywilej cię poznać, bo naprawdę jesteś moją bohaterką!"

„Jestem Gabi, prawnuczka Bubi. Gdy myślę o słowie „Prababcia", pierwsze rzeczy, które przychodzą mi na myśl, to siła, nadzieja, miłość i piękno. Siła na wszystkie trudne chwile, przez które musiała przejść. Nadzieja na wiarę w dobroć i nadchodzące dobro. Miłość dla jej pomocników. A piękno to nie tylko to, co zewnętrzne; to także to, co wewnętrzne, a piękno w niej świeciło zawsze. Bardzo za nią tęsknię. Bardzo jej brakuje. Ale teraz jest w niebie z resztą swojej rodziny. Z Bogiem u jej boku. Niech jej pamięć będzie błogosławieństwem. Zawsze będę pamiętać wszystkie piosenki i nauki, których się od niej nauczyłam. Kocham cię, Prababciu."

Niestety, nie udało się odnaleźć mowy pogrzebowej mojego syna Zacharego, ale napisał on piękną dedykację: „Moja prababcia, lepiej znana jako Bubi, zawsze szerzyła miłość, bez względu na to, czy traciła wzrok czy przechodziła przez najgorsze czasy, jakie można sobie wyobrazić. Dosłownie mówiąc, moja prababcia przeszła przez piekło. To, co mnie nadal zdumiewa, to to, co by się stało, gdyby nie przeżyła Holokaustu? Nie żyłbym wcale, a ta książka nigdy by nie powstała. Jednak najważniejszym faktem jest to, że wiele innych istnień nie byłoby poruszonych jej miłością. Moja prababcia dotknęła wielu ludzi w czasach strachu i radości. Za każdym razem, gdy ją odwiedzałem, jej twarz rozświetlała się, chociaż, w miarę starzenia się i tracenia wzroku, nie miała już pojęcia jak wyglądam.

Postawienie się w jej miejscu sprawia, że nie potrafię sobie wyobrazić, jakie byłoby życie, gdy widziałbym tylko ciemność, ale to sprawia, że moja prababcia jest taka wyjątkowa. Cierpliwie czekała na moje wizyty i czerpała przyjemność z rozmów ze mną i cieszyła się, że się uśmiecham.

Moja Prababcia dała naszej rodzinie i mnie szansę wpływania na innych, dlatego nigdy nie przestanę jej kochać. Chociaż już jej nie ma, opowieści i życie żyją dalej dzięki potomkom. Oddycham i chodzę wśród innych dzięki niej. Rozdziera mnie świadomość, że nie mogę jej powiedzieć, jak bardzo jej jestem wdzięczny, ale wierzę, że zawsze wiedziała, jak bardzo ją kochałem. Choć znałem ją jako prababcię, która szczypała moje policzki i śpiewała kołysanki, nawet gdy byłem w gimnazjum, nie wiedziałem, jak silną kobietą była. Moja prababcia sprawiła, że zdałem sobie sprawę, że zawsze warto kochać, ponieważ nie urodziliśmy się, aby nienawidzić, i z tego powodu postaram się jak najlepiej szerzyć radość. Mam nadzieję, że wiedziała, że jej życie nadało więcej sensu mojemu światu i światu innych."

Ja również zabrałam głos, kończąc moją mowę pogrzebową: „To łamie moje serce i niszczy je, że jej już z nami nie ma. Ale potem przypominam sobie, że od 27 225 dni nie widziała swoich rodziców i sióstr i pocieszam się myślą, że spoczywa z nimi w spokoju. Niech jej pamięć będzie błogosławieństwem."

To zdjęcie przedstawia kamienie, które moje dzieci zostawiły na grobie po pogrzebie. Gabi narysowała obraz kociaka, którego rysowała z babcią. Sarah zacytowała piosenkę Phila Collinsa „You'll Be in My Heart", którą napisał do filmu Tarzan. Namalowała kilka serc i napisała „Kocham cię" z tyłu kamienia. Zachary zdecydował się zostawić swój kamień bez oznaczeń, ponieważ w jego przekonaniu kamienie symbolizują spokój i przygodę, przemieszczając się z miejsca na miejsce—i nie chciał zbezcześcić pięknego kamienia, którego wybrał.

Tej nocy zapaliliśmy świeczki szabatowe w synagodze, świętując B'nai Micwa bliźniaków. Rabin Linder mówił o tym, jak w judaizmie konieczność świętowania życia poprzez takie wydarzenia jak Bar Micwa czy Bat Micwa jest ważniejsza niż żałowanie zmarłych. Szczerze mówiąc, to było jedno z najtrudniejszych emocjonalnie momentów mojego życia. Po piątkowych nabożeństwach szabatowych zorganizowaliśmy kolację dla naszych przyjaciół i rodziny spoza miasta, podczas której Sarah i Zachary otworzyli skrzynię z kapsułą czasu, którą przygotowałam na moim „baby shower," gdy byłam z nimi w ciąży. Ostatnią rzeczą, którą wyjęli z kapsuły czasu, był list od mojej babci, w którym napisała:

Adeno, Bradzie, nowe dzieciaczki! 2003 rok wydaje się bardzo odległy. Były życzenia, nadzieje i modlitwy i pukanie w mój drewniany stół. Rok wielkich oczekiwań, różowe i niebieskie dekoracje. Bądźcie zdrowi, szczęśliwi i dobrzy, zgodnie z oczekiwaniami!
Uściski, Prababcia.

Było to tak surrealistyczne, że ta jej ostatnia komunikacja z nami miała miejsce zaledwie dwa dni po jej odejściu! Chociaż jej pierwotnym zamiarem było, aby prawnuki nazywały ją „G-Bubie" (od słowa „grand"), gdy dzieci nauczyły się mówić, wymyśliły dla niej nazwę „B-Bubi" i to przezwisko przyjęło się. Kiedy to piszę wiele lat później, wciąż trudno mi uwierzyć, że jej już z nami nie ma. Jednak pragnienie mojej babci, abyśmy znali swoje korzenie, nadal jest dla mnie aktualne, zwłaszcza teraz, gdy ludziom nadal odmawia się praw ze względu na to, kim są. Znając swoje korzenie i pamiętając swoją historię, mam nadzieję, że wszyscy układamy swoje cegiełki, aby osiągnąć pokój i zapobiec przyszłym ludobójstwom.

Adena i jej babcia. Zdjęcie zostało zrobione 4 lutego 2017 roku, mniej więcej miesiąc przed jej śmiercią.

2
ŚWIAT, KTÓRY KIEDYŚ ZNAŁAM

Świat, który kiedyś znałam

Myślę o świecie, który kiedyś istniał,
I prawie w mgnieniu oka zniknął.
Byliśmy dziećmi w kochających domach, dobrze zadbani,
I byliśmy szczęśliwi, jak tylko dzieci mogą być.
Zabawialiśmy się głównie na zewnątrz, latem i zimą,
Wymyślaliśmy własne proste gry,
Nie mieliśmy nowoczesnych gier znanych dzisiaj,
I byliśmy o wiele bardziej zadowoleni niż dzisiejsze dzieci.
Aż do momentu..., gdy
koszmar najbardziej zły,
Spadł na nasz własny mały świat,
Zniszczył, rozdarł na strzępy,
wyrwał wszystkie korzenie,
I w dwóch masowych grobach go pochował.
Żałuję i tęsknię za tym
Dawnym światem

Mania Lichtenstein, 26 października, 2006 r.

Moja babcia uwielbiała swoje siostry i starała się naśladować je, ilekroć tylko mogła. Jeśli jedna z nich przeczytała książkę, musiała przeczytać tę samą. Twierdziła, że książki (i filmy) „otwierają drzwi do zaklętego świata". Dodała, że wielu jej przyjaciół nie mogło sobie pozwolić na taki luksus jak obejrzenie filmu. I tak więc, kiedy widziała jeden, co zdarzało się rzadko, cała klasa otaczała ją następnego dnia i pytali ją o film. Napisała: *„Upiększając i improwizując, opowiadałam im jego historię."* Genia Seifert, jedna z przyjaciółek z dzieciństwa, opisała ją jako „serdeczną" i „dobrą osobę". Moja babcia uważała, że jednym z czynników, które przyczyniły się do jej nieśmiałości, był brat jej matki, który bombardował ją pytaniami i testował jej inteligencję. I choć może znała odpowiedzi, czuła się bezwartościowa i często była zbyt sparaliżowana strachem, aby mu odpowiedzieć. *„Źle wpłynął na moje życie — niech spoczywa w pokoju",* napisała lata później. *„Chciał, żebym miała poczucie klęski".* Niestety, okrutne zachowanie wuja miało długotrwały negatywny wpływ na moją babcię. Ostatecznie, dzięki Bogu, wyrosła z tego i zdała sobie sprawę, że jest mądrzejsza niż chciałby ten wujek. Ojcem Mani był Gerszon Tisch, ale jego dzieci nazywały go po prostu „Papa". Podobnie jak inni mężczyźni tamtych czasów, nie wykazywał skłonności do okazywania emocji ani dzielenia się swoimi myślami, ale jego czyny mówiły głośniej niż słowa. Czuła jego miłość poprzez uśmiech, gdy robiła coś śmiesznego lub nawet głupiego.

Gerszon i Katia

Gerszon był właścicielem apteki, a Bubi uważała go za typowego ojca. Codziennie jeździł rowerem do pracy i z powrotem — w tamtych czasach nikt nie miał samochodu. Bubi z miłością wspominała regularne spotkania z Papą na rogu ulicy, niedaleko gotyckiego kościoła, gdy wracał z pracy. Stamtąd udawali się do sklepiku z cukierkami na rogu, gdzie on obdarowywał ją cukierkiem lub czekoladą. Była najmłodsza spośród swoich rodzeństwa, „brzdącem", jak powiedziałaby, a mimo to zawsze czuła się wyjątkowa dla swoich rodziców.

W rzeczywistości jej Tata był bardzo nowoczesny jak na swoje czasy, nosił melonik i garnitur do pracy, a zimą elegancki płaszcz. W domu mówił albo w jidysz, albo po polsku, i chociaż nie okazywał nadmiernie uczuć swoim dzieciom, jego uśmiech i uwaga wobec wygłupów Bubi wiele mówiły o jego miłości.

W trakcie prowadzenia badań do tej książki kobieta z Yad Vashem skontaktowała mnie z Genią Seifert. Dzięki Szirze Gafni, jednej z moich koleżanek z koledżu, udało mi się skomunikować z Genią i dowiedzieć się, że moja Bubi i ona były przyjaciółkami ze szkoły.

Co więcej, ojciec Geni, Józef, był dobrym przyjacielem Gerszona, uważanego za osobę znającą się na medycynie. Pewnego razu dziewczynka została ugryziona przez psa, a on, zamiast zabierać ją do lekarza, przyszedł do Gerszona po poradę.

Imię matki Mani brzmiało Gitel (w jidysz) lub Gitla (po polsku), ale nazywano ją po rosyjsku — Katia. Jej dzieci mówiły do niej „Mamuniu", co w jidysz oznaczało „mamusię". Była typową żydowską matką pełną serca i duszy. Bubi powiedziała mi, że została ona w domu, aby wychować dzieci. Była bardzo troskliwa i dumna ze swych pociech, które zawsze były na pierwszym miejscu w jej świecie. Jednak Bubi przyznała, że jako dziecko nie doceniła w pełni dobrych intencji matki i jej opiekuńczego charakteru. Dopiero znacznie później zaczęła uważać Mamuniu za prawdziwą bohaterkę.

Bubi wzruszyła się, gdy rozmawialiśmy o jej matce. Codziennie prosiła ją o wybaczenie za nieuznanie jej prawdziwej dobroci. Następnie, w miarę kontynuowania rozmowy, nastrój Bubi bywał lekki, gdy opowiadała mi historie z dzieciństwa, na przykład o cotygodniowym pieczeniu w czwartki na potrzeby Szabatu.

Bubi musiała iść spać wcześnie w dni szkolne, a czwartki nie były wyjątkiem. Miała jednak słabość do słodyczy i zawsze prosiła o ciasteczka i ciasta, które niedługo miały być gotowe, prosto z pieca. Oczywiście, nie były gotowe przed porą snu, więc matka mówiła jej, żeby poszła spać, obiecując, że obudzi ją, gdy słodycze będą gotowe. Ale to nigdy się nie zdarzyło. Każdego piątku rano Bubi wstawała z łóżka i krzyczała na matkę, żądając wyjaśnień, dlaczego jej nie obudziła. A każdego piątku rano matka miała nowe wymówki. Bubi, swoją drogą, świetnie przechodziła między osobistymi wspomnieniami a faktami, które pomagały nadać wspomnieniom kontekst, gdy rozmawiałyśmy. W tym przypadku, bez zatrzymywania się, zaczęła mi opowiadać, jak rodziny piekły wszystko oprócz chleba. Do wypieku chleba, powiedziała, był lokalny piekarz, który wytwarzał go w tradycyjny sposób i ludzie uwielbiali kupować jego pyszny chleb żytni. W czwartki jej matka zawsze chodziła do lokalnego sklepu po luksusowe produkty takie jak np. ser. Wiele rodzin przestrzegało kaszrutu w swoich domach, co oznaczało, że nie jedli jednocześnie produktów mlecznych i mięsnych — niektóre rodziny używały nawet innych naczyń do potraw mlecznych niż do potraw mięsnych. Zgodnie z prawem żydowskim istnieją trzy podstawowe elementy przestrzegania kaszrutu: (1) unikanie spożywania produktów niekoszernych (ryby bez płetw i łusek, zwierzęta lądowe, które nie żują i nie mają rozdwojonych kopyt oraz większość ptaków), (2) unikanie jedzenia mięsa i produktów mlecznych razem oraz (3) spożywanie tylko takiego mięsa, które zostało przygotowane w określony sposób i odciśnięte z krwi. Dla mojej babci każdy posiłek w ciągu tygodnia zawierał mięso, z wyjątkiem czwartków, kiedy jedli produkty mleczne. Na mleczny posiłek mieli pierogi nadziewane jagodami i kwaśną śmietaną, zupę na bazie produktów mlecznych i budyń, który był wówczas nowością kulinarną. Następnie Bubi ponownie zmieniła temat rozmowy i zaczęła opisywać swoją matkę jako nowoczesną, stylową i elegancką kobietę, która dbała o swój wygląd. I chociaż była typowa w porównaniu do innych matek tamtego czasu, Katia różniła się pod wieloma względami. Miała wiele kapeluszy i butów na wysokim obcasie, które moja babcia próbowała zakładać i prezentować, gdy pozostawała sama w domu. Bubi napisała: „Moje odbicie w lustrze bardzo mnie cieszyło". Matka Bubi dbała o dom rodzinny, nalegając, aby ich zużyte meble były ponownie tapicerowane, tak aby przynajmniej wyglądały na nowoczesne i nowe. Uwielbiała także tańczyć, ucząc Bubi różnych kroków w kuchni. Podczas naszej rozmowy Bubi radośnie wspominała wszystkie kroki taneczne i melodie ulubionych piosenek swojej matki. Opowiadała także o dumie, jaką czuła wobec swojej matki, rodzaju dumy, jaką odczuwa się, obserwując rodzica z pewnej odległości, jako osobę, a nie tylko rodzica. Kobiety z pokolenia matki Bubi zazwyczaj nie pracowały poza domem, ale Katia była wyjątkiem i pracowała w aptece przed ślubem. Cieszyła się prestiżem związanym z pracą w aptece, gdzie nauczyła się czytać i interpretować charakter pisma lekarzy na receptach. W tamtym czasie wielu dorosłych chrześcijan było analfabetami. Żydowscy mężczyźni musieli jednak nauczyć się czytać do trzynastego roku życia, aby móc przystąpić do Bar Micwy. W tym okresie coraz więcej żydowskich kobiet również zaczęło się uczyć czytać, tak jak Katia, która była jedną z liderek tego ruchu na rzecz edukacji. Pomagała pacjentom, którzy nie potrafili czytać, zrozumieć, co lekarze zapisali na ich receptach.

Gerszon i Gitel 'Katia' Tisch

Bubi miała dwie starsze siostry. „Posiadanie sióstr czyni cię ważnym i daje poczucie przynależności", powiedziała mi. Ryfka była najstarsza i starsza od Manii o ponad osiem lat. Była idolką Bubi, jej „świecącą gwiazdą", i Bubi starała się naśladować ją, ilekroć mogła. Wspominała, że Ryfka należała do elity miasta. Ukończyła odpowiednik szkoły średniej, znanej jako gimnazjum w Polsce, gdzie uczęszczała na lekcje języków łacińskiego, angielskiego, francuskiego, ukraińskiego i polskiego, a także historii starożytnej. Zamiast czekać na księcia z bajki, po ukończeniu szkoły, jak robiła wówczas większość dziewcząt, Rywka wyjechała do pobliskiego Lwowa, aby znaleźć pracę jako nauczycielka. Gdy dowiedziała się, że nie ma tam dostępnych możliwości, zapisała się do szkoły handlowej i studiowała, aby zostać księgową.

Rywka wróciła do domu po ukończeniu nauki. Punktem dumy matki Bubi było to, że Rywka, ucząc się samodzielnie, także nauczyła się obowiązków domowych i teraz potrafiła robić naleśniki. Zaskakująco, ponieważ dziewczęta nie miały pierwszeństwa przed chłopcami podczas poszukiwania zatrudnienia, Rywka dostała pracę w polskiej firmie związanej z branżą farmaceutyczną. Właściciel często chwalił ją i mówił jak dobrze się spisuje.

Moja ukochana siostra Rywka

Podziwiałam ją bardziej niż można wyrazić słowami. W wieku 27 lat, w jednej chwili, ona, razem z resztą rodziny, zniknęła z mojego życia. Przez wiele lat starałam się nie myśleć o tym, co już było. To było łatwiejsze. Tyle razy, gdy przyszła mi na myśl, świadomie odsuwałam myśl na bok. Myślenie o niej było bolesne, więc udzielałam sobie tymczasowego ułaskawienia. Dziś jest Szabat Hagadol, Szabat przed Paschą, dniem, w którym się urodziła. Jej urodziny obchodzono 14 kwietnia.

W tamtych czasach nie było zwyczaju obchodzić urodziny; tylko rodzina o tym wiedziała. Jednak w przypadku Rywki było inaczej. Z perspektywy czasu wydaje mi się, że teraz rozumiem dlaczego. Jak debiutantka, będąc najstarszą córką, miała być przedstawiona młodzieńcom. To stało się coroczną uroczystością. Bardzo ekscytujące było widzieć, jak przychodzili jej przyjaciele. Byli to najlepiej wykształceni młodzi ludzie, elita naszego miasteczka. Moja matka chwaliła się, że każdy młody człowiek witał ją słowami „Madame Tisch", kłaniał się i całował jej rękę, co było wtedy zwyczajem. Moja matka uwielbiała te zabawy.

Rywka była moim mentorką, moją idolką i bardzo chciałam być jak ona. Czułam jej miłość do mnie. Kiedyś musieliśmy napisać w szkole wypracowanie, a ja wybrałam napisanie o niej i o tym jak ważna była dla mnie. Zatytułowałam je „Gwiazda przewodnia" albo „Moja gwiazda przewodnia". Zostało uznane za najlepsze wypracowanie w klasie, bo pisałam je z serca. W latach 1939-1941 Rosjanie zajęli naszą część Polski. W tym okresie Rywka wyszła za mąż za Munia Szara. Jej szczęście nie trwało długo. Hitler zagrażał pokojowi w Europie, a Rosjanie przystąpili do mobilizacji.

Siedem miesięcy po ślubie mąż Rywki został powołany do wojska. Była taka załamana! W początkowych etapach wojny panował chaos. Niektórzy zdołali zdezerterować i wrócić do domu. Przez kilka dni stałam z nią na rogu ulicy, wpatrując się w horyzont, wypatrując Munia. Nie wrócił. W 1941 roku Hitler ponownie najechał teren, gdzie mieszkaliśmy.

Moja ukochana siostro, zawsze będę cię kochać, zawsze pozostaniesz moją gwiazdą przewodnią. Dziś jest „Szabat Hagadol". Wszystkiego najlepszego z okazji urodzin.

Mania Lichtenstein, 15 kwietnia 2000 r.

Nechamka była środkową siostrą i towarzyszką zabaw Bubi oraz jej najlepszą przyjaciółką. Dzieliły je zaledwie nieco ponad dwa lata, zawsze były razem, a Bubi nie potrafiła sobie przypomnieć, żeby kiedykolwiek się kłóciły.

Opisywała Nechamkę jako dobrego ducha zawsze całkowicie bezinteresownego; była bardziej cicha, introwertyczna i poważna, miała okrągłą twarz i kręcone włosy. Nechamka była zapaloną czytelniczką, a jako utalentowana uczennica pomagała Bubi w bardziej zaawansowanych przedmiotach, takich jak odmiana czasowników w łacinie i po angielsku oraz udzielała jej korepetycji przed egzaminami wstępnymi do gimnazjum.

Nechamka właśnie ukończyła naukę w gimnazjum, gdy Niemcy zaatakowali ich rodzinną miejscowość w 1941 roku. 5 czerwca obchodzono jej urodziny. To imię po hebrajsku oznacza „dajesz swoje serce / bycie dobrym". Bubi nazywała ją „Chamka" i określała jako „anioła nad moją głową — zawsze dbającego o mnie".

3

NECHAMKA

Moja siostra – moja koleżanka w zabawach

Dziś jest 19 dzień Elulu, a migoczące światło w świeczce na jorcajt [rocznica śmierci] budzi wiele wspomnień. Ta rocznica jest ważna dla całej mojej rodziny, jak również dla tych 19 000, którzy zostali zamordowani tego dnia. Z jakiegoś powodu dziś głównie myślę o Tobie, Nechamko, moja siostro, towarzyszko zabaw.

Moje myśli przenoszą mnie z powrotem do naszego dzieciństwa i tego, jak dobrze się razem bawiłyśmy. Byłaś ode mnie tylko dwa i pół roku starsza, a zawsze miałaś mnie na ogonie. Jednym z naszych ulubionych miejsc do zabawy była nasza drewniana szopka na zewnątrz. Ogromna konstrukcja, w której przechowywano różne rzeczy. To, co najbardziej wyraźnie przychodzi mi na myśl, to moje specjalnie wykonane sanki, mój największy skarb. Wiszące wysoko na ścianie szopki, cierpliwie czekające na zimę, aby dostarczyć nam mnóstwa zabawy. Jak szybko te sanki zabierały ciebie i mnie w dół każdego wzgórza w okolicy! Ja miałam swoje saneczki a ty małą piłkę w wielokolorowej siatce. Nie robiłaś zdjęcia bez niej.

Według dzisiejszych standardów mieliśmy bardzo niewiele, ale myśleliśmy, że mamy dużo. Byliśmy szczęśliwi i nigdy się nie nudziliśmy.

Inne przedmioty w tej szopce, które przychodzą mi na myśl, to narzędzia naszego ojca do pielęgnowania ogrodu. To było jego ukochane hobby.

Jak bardzo satysfakcjonujące było, gdy ogród ożywał, a wszystko było w pełnym rozkwicie! Trzy drzewa wiśniowe pokrywały się różowym kwieciem, a złote twarze słoneczników, wysokie i jasne, wydawały się strażnikami strzegącymi tego miejsca. Do dziś nawet zdjęcie słonecznika powoduje łzy w moich oczach.

Dzieciństwo... czasami staram się je przywrócić w myślach. Dziś myślę dużo o Tobie, Nechamko, moja towarzyszko zabaw. Jak byłoby miło mieć Cię przez te wszystkie lata. Ale w wieku 22 lat odeszłaś razem z wszystkimi innymi. Niech wszyscy spoczywają w pokoju.

Mania Lichtenstein, 1999 r.

Zabawne momenty

Dnia 19 miesiąca Elul miał miejsce 61. Jorcajt (rocznica śmierci) mojej rodziny. Zazwyczaj to dzień pełen smutnych uczuć, a przeszłość staje się jakby bardziej wyraźna niż teraźniejszość. Chociaż nie byłam w radosnym nastroju, uśmiechnęłam się, przypominając sobie pewne zdarzenia.

Nechamka miała około sześciu lub siedmiu lat, a ja cztery lub pięć. W upalny lipcowy dzień nasza matka wysłała nas po masło. Zostało nam ono podane bez żadnego opakowania zabezpieczającego, jedynie w brązowym worku. No cóż, zajęło nam sporo czasu, zanim wróciliśmy do domu. Śmiałyśmy się i bawiłyśmy całą drogę aż zorientowałyśmy się, że masło zniknęło. Lizałyśmy je, aby zapobiec rozpływaniu się po naszych dłoniach. Ale nic to nie dało, nasze włosy, twarze i ubrania były zupełnie maślane.

Pokornie wróciłyśmy do domu, oczekując najgorszego. Nie było żadnej kary — co za ulga! Wyraźnie nasz widok był śmieszny. Wszyscy śmiali się, nie było miejsca na złość.

Inna tragikomiczna sytuacja, która wywołała uśmiech na mojej twarzy, miała miejsce pewnego letniego dnia. Musiałyśmy mieć około pięciu i siedmiu lat. Nasze letnie dni wakacji spędzałyśmy głównie nad naszą piękną rzeką. Robiłyśmy pikniki na soczystej trawie pod starymi drzewami i brodziłyśmy w mieliznach rzeki.

Pewnego dnia Nechamka miała wypadek. Musiał to być pewnie piątek, bo nasze przekąski tego dnia to były cebulowe bułeczki, świeżo upieczone przez naszą matkę poprzedniej nocy. Choć bawiłyśmy się na płyciźnie, Nechamka poślizgnęła się i zaczęła tonąć. Ktoś wyciągnął ją z wody, ale było dużo nerwów i zamieszania! Moja siostra była wyraźnie bardzo przestraszona, krzyczała głośno.

Podczas gdy jeszcze szlochała, wyjęła cebulową bułeczkę i energicznie ją ugryzła. Jej twarz i ta cebulowa bułeczka były nasączone łzami. Pomimo traumy scena wydawała mi się bardzo śmieszna. Biedactwo, nigdy nie przestałam jej z tego powodu dokuczać. Teraz, patrząc wstecz, zdaję sobie sprawę, jak łagodną i doskonałą duszą była. Nie pamiętam, żeby kiedykolwiek się ze mną kłóciła. Zawsze dbała o swoją małą rozpieszczoną siostrę. Słodka, dobra Nechamka... odeszła w wieku 22 lat.

Mania Lichtenstein, 24 września, 2003 r.

4

RODZINA

Gitel, Bubi, Rywka, Nechamka i Gerszon

Bubi miała brata, który zmarł w wieku pięciu lat, zanim się urodziła. Jego imię brzmiało Mejer. Później dowiedziano się, że powodem śmierci były skręcone, niedokrwione jelita.

Kiedy odszedł, kadisz — powszechnie znany jako modlitwa żałobna — miał szczególne znaczenie, ponieważ Mejer był chłopcem.

Korzenie ważności syna zakorzenione są głęboko w wielu kulturach, w tym w judaizmie, gdzie chłopcy od dawna uważani byli za bardziej wartościowych niż dziewczynki. Na szczęście obecnie sytuacja ta uległa zmianie, ale po śmierci Mejera, nadal tak uważano w rodzinie Bubi.

Mejer and Rywka, 1918 r.

Bubi nie miała żadnych wspomnień o swojej babci od strony taty, ale dobrze znała babcię od strony mamy, Henie Felge, która mieszkała tylko z synem.

Bubi pamiętała ją jako szlachetną kobietę, zawsze siedzącą cicho w rogu swojej sypialni. Moja babcia nigdy nie słyszała, aby była kłótliwa czy wściekła. Była niewidoma, przyczyna tego stanu nigdy nie została wyjaśniona. Bubi również straciła wzrok w późnym wieku, a w jej przypadku przyczyną było zaawansowane zwyrodnienie plamki żółtej. Ta choroba uważana jest za dziedziczną i bardzo prawdopodobnie, że była przyczyną ślepoty Henie.

Henie Felge

Raz w miesiącu Bubi zabierała swoją babcię na żydowską kąpiel rytualną, zwana mykwą. Zgodnie z prawem żydowskim, kąpiel w mykwie jest konieczna jako część procesu konwersji na judaizm. Jest również wymagana od kobiet przed ślubem oraz podczas przestrzegania przepisów dotyczących czystości menstruacyjnej.

Mykwa to basen wypełniony wodą, często pochodzącą ze źródła lub studni, w którym zobowiązane są kąpać się co miesiąc ortodoksyjne, zamężne kobiety żydowskie, szczególnie w siódmą dobę po zakończeniu cyklu menstruacyjnego.

To była rola Bubi, ponieważ jako najmłodsza miała najwięcej czasu, aby to robić. Czuła się dobrze, wiedząc, że mogła być jakąś pomocą dla swojej babci. Ten rytuał umocnił ich więź.

Henie Felge zmarła w wieku 72 lat podczas Holocaustu.

„Moja babcia od strony ojca"

Jej imię brzmiało Henie Felge. Wspomnienie o niej wywołuje ból i nostalgię. Czciłam, szanowałam i kochałam tę niewidomą, cichą kobietę.

Żyła ze swoim synem, jego żoną i dwójką dzieci. Chociaż nigdy nie byłam świadkiem żadnych sprzeczek czy nieporozumień, taka sytuacja, wyobrażam sobie, mogła być bardzo napięta.

Dom był mały i prosty. Wiedziała, jak nie wchodzić nikomu w drogę, będąc taką mądrą i odpowiedzialną kobietą. Jej łóżko stało w rogu pokoju i głównie przebywała właśnie tam. Jako małe dziecko często przychodziłam do tego domu, aby bawić się z moją kuzynką Rozele. Była dwa lata młodsza ode mnie. Cicha i delikatna dziewczynka; zginęła jak wszyscy inni. Serce mi się łamie, gdy o niej myślę.

Nie zdawałam sobie sprawy jak mało moja babcia widziała, ale zawsze rozpoznawała, kiedy wchodziłam. Lubiła mnie, a moje przyjście sprawiało jej radość. Często grałyśmy w naszą grę.

Pytałam: „Bubi, ile lat masz swoje buty?" Po chwili wahania, jakby licząc lata, odpowiadała: „dwadzieścia lat!" Potem pytałam, ile lat ma jej sweter, a ona mówiła: „czternaście lat" i tak dalej z każdym ubraniem, które miała na sobie. Dla małego dziecka takie ilości lat wydawały się niepojęte.

Wciąż pamiętam te ładnie wyglądające beżowe buty i beżowy sweter. Była bardzo schludna, a jej ubrania wydawały się jak nowe. Żałuję, że wiem o niej tak niewiele. Nikt, kto mógłby mi opowiedzieć, nie został oszczędzony. Wszystko, co wiem, to tylko to, co dostrzegałam oczyma dziecka.

Zdawała się dobrze sobie radzić w jej małym, ciemnym świecie, chociaż, gdy potrzebowała pójść do lekarza, do mykwy czy na piątkowe wieczory na obiad do naszego domu, moim zadaniem było jej pomagać.

Czułam się tak dobrze, wiedząc, że mogłam nieść te pomoc. Teraz, gdy ja prawie nic nie widzę, bardziej się utożsamiam z Bubi i wyobrażam sobie, jak musiała się czuć. Nie mając nic materialnego do zaoferowania, dawała nam, dzieciom, dużo miłości i życzliwości. Zawsze będę szanować jej pamięć.

W wieku siedemdziesięciu dwóch lat została wraz z moją całą rodziną wymazana ze świata przez Hitlera.

Bubi, kochałam cię i nadal kocham! - Mania Lichtenstein, 2 marca 2004 r.

Dziadkowie Bubi od strony taty mieszkali w innym mieście o nazwie Łuck. Raz do roku Bubi budzona była przez swojego ojca o świcie, aby mogli złapać pociąg (co wtedy było wielką nowością), aby odwiedzić jego rodziców. Nazywała te wycieczki „największym możliwym podekscytowaniem". Nigdy nie zrozumiała, dlaczego jej ojciec zabierał tylko ją, a nie siostry, ale jak mówiła, „już nigdy się tego nie dowiem". Jej dziadkowie od strony taty również zginęli z rąk nazistów.

5

ŻYCIE W POLSCE

Bubi opisywała swój rodzinny Włodzimierz jako średniej wielkości miasto, które było dość kulturalne jak na swoje czasy, ponieważ zawierało kina, sale taneczne i teatry. Jej opis przypominał mi sztetl, czyli małe miasteczko składające się głównie z Żydów. Sztetl to słowo w jidysz oznaczające „miasteczko" i odnosi się do małych osad istniejących przed II wojną światową w Europie Wschodniej z istotną żydowską populacją mówiącą w jidysz.

Włodzimierz posiadał dwie gimnazja, siedem szkół podstawowych i nową szkołę rolniczą, do której uczęszczali głównie chłopcy. Większość ludzi trzymała się swoich ziomków, dlatego tylko Żydzi zamieszkiwali sąsiedztwo Bubi i stanowili około 26 000 tysięcy mieszkańców.

Chociaż Żydom nie wolno było posiadać ziemi ani nieruchomości przed czasami Bubi, zaczęli stopniowo osiedlać się, a populacja rosła szybko ku zdumieniu Polaków. Zaczęli zakładać sklepy i budować domy, osiedlając się wszędzie tam, gdzie im pozwolono, ponieważ uważali Polskę za swoją ojczyznę, zaś Izrael za swój dom, do którego można będzie kiedyś wrócić. Warto zaznaczyć, że ostatnie słowa tradycyjnej ceremonii paschalnej brzmią: „w przyszłym roku w Jerozolimie". To zdanie, które kończy Seder, ma duże znaczenie emocjonalne i jest ważne, ponieważ przypomina o przeszłych i obecnych cierpieniach oraz nadziejach na wolność w przyszłości. W przeszłości, przed II wojną światową, mówienie „w przyszłym roku w Jerozolimie" było jedynie ideą, aby Żydzi mieli dom, do którego mogliby wrócić. Kiedy powstało państwo Izrael, stało się to realną możliwością.

Pieniądze były trudne do uzyskania, a ludzie głównie dziedziczyli swoje domy. Dlatego migracja z Polski była minimalna. Większość ludzi pracowała w zawodach opartych na umiejętnościach, które rozwijali, w przeciwieństwie do zawodów profesjonalnych wymagających zaawansowanego wykształcenia. Żydzi zajmowali się wieloma pracami, takimi jak naprawa butów, krawiectwo, piekarstwo, itp.

Bubi wspominała swoje wczesne dzieciństwo jako ogólnie bardzo udane. Pomimo tego, że Żydzi nie byli traktowani jak równi, a antysemityzm był powszechny, ona i jej przyjaciele nie narzekali. Zamiast tego trzymali się swojego towarzystwa i unikali konfliktów tak bardzo, jak to było możliwe.

Żydowskie dziewczęta chodziły do jednej szkoły, chrześcijańskie dziewczęta do innej; podobnie żydowscy chłopcy uczęszczali do jednej szkoły, a chrześcijańscy chłopcy do innej. W szkole podstawowej, do której uczęszczała Bubi, ogrodzenie dzieliło szkołę dziewcząt żydowskich od szkoły chłopców chrześcijańskich. Wspominała, że chrześcijańscy chłopcy pluli na nie, rzucając w ich stronę puszki po napojach i wyzywając je. Dziewczyny nie zgłaszały tego nikomu, bo to by nic nie dało. Niestety, taki rodzaj zachowania był akceptowany kulturowo i tolerowany. Bubi opowiadała mi, że inni dzieci rzucały w nią i jej przyjaciół kamieniami. Opisywała polskie dzieci z okolicy jako „nieżyczliwe i opresyjne". Na ile to było możliwe, dzieci żydowskie starały się unikać konfrontacji. Były przyzwyczajone do werbalnego i fizycznego znęcania się i robiły wszystko, co było możliwe, aby unikać nękania.

Szkoła dla dziewcząt, do której uczęszczała Bubi (2001 r.)

Bubi całymi dniami bawiła się ze swoimi przyjaciółmi. Wszyscy byli bardzo biedni, dlatego spędzali czas u siebie w domach albo bawili się na zewnątrz, gdy pogoda była ładna. Jej własna rodzina lubiła czytać i miała serię książek, które Bubi opisywała mi jako podobne do dzisiejszych popularnych serii dla dzieci.

Zimą jeździli na łyżwach. Ona i jej przyjaciele z sąsiedztwa używali kawałka tektury, aby zrobić prowizoryczne sanki i na zmianę zjeżdżali z zaśnieżonych wzgórz. Wspominała pewnego wieczoru, że gdy ojciec zabrał ją do znajomego, zrobił on dla niej specjalne sanki. Całe lato Bubi niecierpliwie czekała, aż zima wróci, aby móc z nich skorzystać. Wszyscy zazdrościli jej tych sanek, gdy zjeżdżali ze wzgórz na swoich kawałkach tektury. Prawie codziennie w letnich miesiącach, podczas jedno- lub dwumiesięcznych wakacji szkolnych, odwiedzali piękną rzekę w pobliżu. W piątki zabierali ze sobą lunch, który zazwyczaj składał się z bułek cebulowych i innego jedzenia, które matka upiekła poprzedniego wieczoru.

Rodzina Bubi miała bardzo mało dodatkowych pieniędzy, więc nie podróżowali zbyt często, oszczędzając środki na istotniejsze wydatki. Najważniejsze było dla nich, że znaleźli spokój w miejscu, gdzie żyli, i nie chcieli ryzykować swojego spokoju, podróżując.

Ponieważ pieniędzy było zawsze zbyt mało, dzieci głównie bawiły się dość prostymi zabawkami takimi jak piłki. Wszelkie zabawki, które mieli, były dla nich cenne. Bubi pamiętała, że Nechamka dostała nową zabawkę, która składała się z małej białej piłeczki i siatki. Przypominała sobie również, że znalazła się ona na rodzinnej fotografii. Nechamka była bardzo dumna, że ma zabawkę i robiła wiele, aby ją chronić.

Tworzyli też gry, aby się bawić. Bubi często grała w grę „inteligencja" ze swoimi siostrami — wybierały najdłuższe polskie słowo, jakie znały, a następnie rywalizowały, kto może wymyślić najwięcej słów pochodzących od niego.

Bubi nigdy nie miała lalki kupionej w sklepie, ale po prostu robiła je z ręczników kuchennych. To było coś, co tworzyła dla moich sióstr i dla mnie, gdy byłyśmy małymi dziewczynkami. Robiła również lalki z naszych kocyków.

Mimo że moglibyśmy uważać to za przesadę, ale Bubi uważała, że jej dom z dzieciństwa był bardzo ładny, zwłaszcza w porównaniu z innymi w sąsiedztwie. Miał kuchnię, gabinet, kilka sypialni (nie mogła sobie przypomnieć ile dokładnie), salon z biurkiem i zieloną lampą oraz salon, który był używany na specjalne okazje i był zamknięty dla dzieci. Prace domowe wykonywano w pokoju z biurkiem z zielonym lampą. Dzieliła pokój z Nechamką i spała w szerokim łóżku z kutego żelaza. Bubi raz uderzyła głową o ramę łóżka, skacząc po nim, co poskutkowało trwałą blizną na jej czole.

W społeczności żydowskiej było kino, zlokalizowane przy ulicy Farnej, gdzie Bubi oglądała niektóre filmy z Hollywood. Przyjeżdżali także żydowscy artyści i grupy teatralne, dając przedstawienia w kinie. Bubi uważała, że przedstawienia były dobre i pamiętała, że jej matka szczególnie je uwielbiała i nigdy żadnego nie ominęła.

Po kolacji kobiety ubierały się w szpilki i kapelusze, paradując ulicą, aby pokazać swoje stroje i zobaczyć, co inni mają na sobie. Jej siostry nie były zainteresowane, ale Bubi zawsze szła razem z matką.

Czasami sławni śpiewacy przyjeżdżali z miejsc takich jak Warszawa i śpiewali żydowskie piosenki, np. „Tum Bałałajka". Moja matka nauczyła się tej piosenki od Bubi, a później śpiewała mi, gdy byłam mała.

W mieście znajdowało się tylko jedno miejsce modlitwy. Ponieważ synagoga była oddalona od wielu żydowskich domów, społeczność miała sieć domów modlitewnych i pokoi dla gości rozsianych po całym mieście. Było to konieczne, aby Żydzi mogli uczestniczyć w nabożeństwach, zwłaszcza jeśli ktoś musiał często się modlić, na przykład recytując Izkor, modlitwę za zmarłych.

Synagoga, uważana za serce miasta, była prowadzona przez Rabina Yaakova Davida Morgensterna uznawanego za lidera społeczności. Przyjaciółka mojej babci, Genia Seifert, powiedziała, że sądzi, iż synagoga przetrwała wojnę, ale nie była pewna.

Może to, co najbardziej cieszyło Bubi, to opisywanie pięknego ogrodu obok jej domu, gdzie rodzina uprawiała słoneczniki, kukurydzę cukrową, małe ogórki, rzodkiewki, szalotki, cebulki i cebulki dymki, a także drzewa wiśniowe i jabłonie. Mieli również kwiaty charakterystyczne dla jej ojczyzny, zwane po polsku „goździkami", posadzone przy oknach, które rozprzestrzeniały piękny zapach. Społeczność miasteczka miała również park. Drzewa były stare, duże i piękne. Były tam ławki do siedzenia i ścieżki do spacerowania. Wszystkie główne uroczystości odbywały się w parku, a Bubi i jej przyjaciele spędzali tam wiele wolnych chwil.

Włodzimierz, zdjęcie zrobione w 2001 r.

Co roku, 11 listopada, dzieci ze szkoły udawały się, aby odwiedzić pomnik Nieznanego Żołnierza. Moja babcia wspominała oficjalne budynki otaczające zewnętrzną część parku, ale były też ogromne obszary wypełnione trawą i kwiatami, które uwielbiała podziwiać.

Nasz Magiczny Ogród

*Było kiedyś magiczne miejsce
w moich dziecinnych oczach,
najbardziej idealne,
gdzie ciepłe wiosenne słońce,
na mojej twarzy wciąż mogę poczuć.
Nigdy nie sypiałam długo,
Wstałam wraz z ćwierkaniem ptaków,
ich rapsodyczny dźwięk mówił mi,
że także były zadowolone z bycia tam.
Wciąż czuję zapach,
który wydobywał się z tęczy kolorów,
Obserwowałem to jak matka i dziecko,
od pierwszych pączków
do pełnego rozkwitu kwiatów.
To magiczne miejsce
było naszym ogrodem,*

tamtym Edenem, którego nigdy nie zapomnę,
i nigdy, nigdy już go nie zobaczę,
chyba że oczami duszy.

Mania Lichtenstein, 1 marca 2000 r.

Matka Bubi utrzymywała dom zgodnie z zasadami kaszrutu, ale jej ojciec nie przestrzegał ścisłych reguł poza domem. Oboje również obchodzili wszystkie święta żydowskie. Każdego Szabatu matka Bubi przygotowywała tradycyjne potrawy żydowskie, takie jak ryba po żydowsku (gefilte fisz) i chałka. Bubi pamiętała, że co wiosnę obchodzili święto Paschy („Pesach" po hebrajsku) z rodziną. Pascha rozpoczyna się tradycyjnym Sederem, rytualną ucztą, podczas której uczestnicy opowiadają historię wyjścia Izraelitów z niewoli w starożytnym Egipcie. Cała historia może być opowiadana przez wiele godzin przy użyciu Hagady, żydowskiego podręcznika wyjaśniającego porządek Sederu paschalnego. Bubi wspominała, że jej rodzina rozmawiała o Biblii i Dziesięciu Przykazaniach. Rywka prowadziła wiele dyskusji podczas Sederu, ponieważ była bardzo oczytana, a Bubi, będąc najmłodszym dzieckiem przy Sederze, zadawała tradycyjne Cztery Pytania, śpiewając je albo po hebrajsku, albo w jidysz. Bubi cieszyła się wieloma świętami żydowskimi: uwielbiała obchodzić Purim, ponieważ mogła przebierać się w kostiumy, odgrywać biblijne opowieści w przedstawieniach, hałasować w świątyni przy pomocy kołatki, specjalnego narzędzia do robienia hałasu używanego podczas święta Purim i po prostu świetnie się bawić.

Sukot to kolejne święto, które przynosi wiele szczęśliwych wspomnień. To czas, kiedy często było już zimno jesienią. Każda rodzina budowała kuczki. Był to szałas pokryty określonymi materiałami, zwykle w pobliżu synagogi lub domu, używany jako miejsce do jedzenia podczas żydowskiego święta Sukot. Rodzina Bubi stawiała go w ogrodzie, sąsiedzi robili to samo co roku. Rodzina spożywała posiłki pod gwiazdami.

W trakcie Sukkot rodziny jedzą takie potrawy jak zupa z kurczaka, gefilte fisz (tradycyjne żydowskie danie z gotowanej siekanej ryby) i kociołek marchewkowy. Najściślej przestrzegane były Wysokie Święta – Rosz Haszana i Jom Kipur. Rodzice Bubi zawsze chodzili do synagogi, aby się modlić. Gerszon został przyjęty do organizacji przez swoje związki zawodowe, dlatego rodzina spędzała Wysokie Święta z jej członkami co roku. W Jom Kipur wszyscy muszą siedzieć przez cały dzień. Bubi jako dziecko umiała wytrzymać tylko do lunchu.

Moja babcia urodziła się i dorastała w Polsce do 1939 roku, kiedy Rosjanie zajęli jej część. W latach 1939-1941 uczęszczała do rosyjskiego gimnazjum, gdzie wszystkie zajęcia odbywały się w języku rosyjskim. W szkole uczęszczała na lekcje arytmetyki, religii żydowskiej, łaciny, historii i pisania. Należała do chóru, brała udział w lekcjach muzyki i sztuki.

Bubi opisała swoje dzieciństwo jako typowe dla każdego dziecka. Jadła, spała, chodziła do szkoły i bawiła się z siostrami i innymi dziećmi z okolicy. Śpiewała piosenki po polsku i w jidysz. Na pytanie, o czym marzyła, odpowiedziała: „Nie wolno marzyć o rzeczach niemożliwych." Powiedziała tak dlatego, że nie mieli środków na zakup czegokolwiek, co nie było konieczne. Na przykład gra na pianinie na pewno była miła, ale nie można było sobie na nią pozwolić. To było nierealistyczne marzenie, ponieważ rodzina nie mogła sobie pozwolić na zakup fortepianu.

Mimo że był to bardzo prosty dom rodzinny, Bubi pamięta jeden luksusowy przedmiot, który posiadali — radio niemieckie firmy Telefunken. Informowało ono o ewentualnych zagrożeniach, pozwalało mieć dostęp do wiadomości z innych części świata. Jako ludzie, którzy kochali muzykę, potrafili docenić tę ogromną przyjemność jaką dawało radio.

Rodzina wyczekiwała z utęsknieniem na każdą środę wieczór, gdy transmitowano bułgarską audycję „Cafe Paradis", grane były wszystkie piękne piosenki i popularne przeboje. Następnego dnia w szkole Bubi składała dzieciom sprawozdanie z takich wieczorów.

W domu dużo się bawili i dużo śpiewali — po polsku, rosyjsku i w jidysz, a Bubi zna wszystkie popularne piosenki dzięki słuchaniu ich w radiu.

Jak wcześniej wspomniano Bubi jako małe dziecko często doświadczała antysemityzmu. Ona i jej przyjaciele często byli obrażani okropnymi wyzwiskami. Jednak początkowy wzrost potęgi Hitlera w 1933 roku nie wpłynął znacząco na Bubi. W rzeczywistości nie zdawała sobie sprawy z tego jaki jest świat i polityka, ponieważ, jako dziecko „miała istotne rzeczy do wykonania."

Jednak jej rodzice i inni dorośli szybko zrozumieli, co zacznie się dziać wokół nich. W 1938 roku wszyscy z okolicy zebrali się pod oknem domu Bubi, słuchając, jak Hitler krzyczał przez radio: „Juden, Juden, Juden!" — tak jak robili to chłopcy z Hitlerjugend. Rywka zdawała sobie sprawę, że wielu chłopców w gimnazjum dołączyło do tej antysemickiej organizacji. Z obecnych badań wiemy, że chłopcy ci byli członkami Hitlerjugend, mieli nazistowskie odznaki przypięte do ubrania.

Nosili w klasie swastykę, pokazując tę przypinkę dzieciom żydowskim, aby wyrazić swoją do nich nienawiść.

W swojej książce „Mein Kampf", wydanej się w latach 20. XX wieku, Hitler napisał: „Kto ma za sobą młodych, ten ma przyszłość". Już przed dojściem do władzy w 1933 roku, przywódcy nazistowscy rozpoczęli organizowanie grup szkoleniowych, które zmieniały szkolnictwo zgodnie z określonymi nazistowskimi wytycznymi. Do 1936 roku wszystkie „aryjskie" dzieci w Niemczech powyżej dziesiątego roku życia zobowiązane były do wstąpienia do nazistowskiej grupy młodzieżowej. Dziesięcioletni chłopcy należeli do Jungvolk („Młoda Młodzież"), a w wieku czternastu lat awansowali do Hitlerjugend. Członkinie wstępowały do Jungmädel („Młode Dziewczyny") i później awansowały do Ligi Niemieckich Dziewcząt. Hitler powiedział, że „ci młodzi ludzie będą mieli szansę nauczyć się jak myśleć tylko po niemiecku i działać po niemiecku... Nigdy więcej nie będą wolni, przez całe życie".

Chociaż członkostwo w organizacji Hitlerjugend było obowiązkowe, wielu młodych ludzi przyciągało poczucie przynależności i znaczenie jakie zyskiwali będąc członkami tych grup.

Po wojnie Hitlerjugend został rozwiązany. Jednak jest ciągle uważana za jedną z najbardziej szokujących i przerażających ideologii, „dowód na to, że totalitarny stan może wciągnąć dzieci w swe szeregi i szerzyć nawet wśród dzieci swoje nienawistne przekonania".

W okresie Bożego Narodzenia Bubi, Rywka i ich matka uczestniczyły w przedstawieniu w gimnazjum Rywki. W przedstawieniu miała miejsce scena, w której chrześcijański uczeń drwił z żydowskiej dziewczyny. Podarował jej prezent, było to kilka pudełek o malejących wielkości, wkładane jedno w drugie, podobnie jak rosyjska lalka matrioszka. W ostatnim, najmniejszym, pudełku znajdowała się cebula. Celem tej sceny było wyłącznie szyderstwo z Żydów i pokazanie im, ze nie są lubiani. Wcześniej Bubi również doświadczała antysemityzmu, ale zawsze zaskakiwały ją nieustające wysiłki Polaków, aby poniżyć i oczernić Żydów.

Pierwsze realne oznaki zagrożenia, których Bubi doświadczyła ze strony nazistów to obraźliwe komunikaty radiowe oraz wypowiedzi obcych ludzi na ulicach. Wykrzykiwali nienawistne rozkazy, wołając: „Żydzi, do Palestyny! Żydzi, do Palestyny!" Chcieli, aby Żydzi opuścili miasto. Usłyszeli też pogłoski, że Polacy, mający wówczas władzę we Włodzimierzu, zbierają Żydów i wysyłają ich na Madagaskar lub do Afryki. Moja babcia postrzegała Madagaskar jako „dziwaczne, zabawne miejsce." Jej rodzina wiedziała, że Madagaskar jest w Afryce i było to dla nich miejsce odludne i dzikie. Mimo to myśleli, że być może będzie tam lepiej niż w domu, w którym obecnie żyli.

Rodzina Bubi nie miała zamiaru opuszczać kraju, podobnie jak nikt inny, kogo znali. Nie chcieli zostawać, ale nie mieli dokąd pójść. Poza tym, że mieli niewiele pieniędzy, to jednak, co istotne, Włodzimierz był ich miejscem, ich domem. Trzeba pamiętać, że świat wydawał się wówczas straszniejszy niż dzisiaj. Istniały organizacje pomagające Żydom emigrować do Palestyny, obecnie terenu znanego jako Izrael, ale rodzina Bubi uznała, że zostanie, ponieważ jej mała społeczność była jedynym światem, który znali.

Rodzice, podobnie jak wielu innych, zakopywali skarby, takie jak pierścionki i inną biżuterię, gdy nazistowska okupacja dotknęła ich kraj i społeczność. Bubi pamiętała mały złoty pierścionek z czerwonym kamieniem, który kiedyś został zakopany, ale nie wiedziała gdzie dokładnie został schowany.

Ponadto Bubi powiedziała mi, że nikt nie wierzył, że nazistowska okupacja będzie tak okrutna. Nie wierzyli, że nazistom faktycznie chodzi o to, aby wymazać całą grupę ludzi z powierzchni ziemi.

Nie minęło wiele czasu, a wojna ogarnęła wszystkich. Samoloty zrzucały bomby. Każdy, choćby minimalnie znający się na medycynie otrzymywał broszurę opisującą wszystkie trujące gazy i mówiono, aby ją zapamiętać.

Jako farmaceuta ojciec Bubi dostał jedną z tych broszur, a Bubi uznała, że jest jego instruktorką i przepytywała go z materiału. Czuła, że ojciec naprawdę był z niej dumny, ponieważ ona także nauczyła się tych wszystkich rodzajów gazów, nie zdając sobie sprawy, co naprawdę mogło kiedyś okazać się pomocne. Moja babcia jeszcze nie przeżyła wojny, na razie uważa ją za ekscytującą.

6

KONTROLA ROSYJSKA

W lecie 1939 roku niemieccy żołnierze na motocyklach wjechali do rodzinnego miasta Bubi. Rozpoczęła się okupacja. Bubi pamiętała, jak młodzi Niemcy o jasnych włosach wchodzili do miasta, a potem usłyszała pierwszą bombę. Ona i inne dzieci z ciekawością patrzyły na to całe zamieszanie. Dorośli natomiast byli niezmiernie zaniepokojeni i zrozumiale przerażeni.

Nazistom skutecznie udało się wykorzystać propagandę, by zdobyć poparcie milionów Niemców w demokratyczny sposób, a później używając dyktatury, aby ułatwić prześladowania, wojnę, a ostatecznie ludobójstwo. Byli to wykwalifikowani propagandziści, którzy używali zaawansowanych technik reklamowych i najnowszych technologii swoich czasów do rozpowszechniania swoich przekazów.

Po dojściu do władzy Adolf Hitler stworzył Ministerstwo Oświecenia Publicznego i Propagandy, aby kształtować niemiecką opinię publiczną. Propaganda nazistowska odegrała integralną rolę w przyspieszaniu prześladowań i ostatecznym zniszczeniu Żydów w Europie. Wzbudzała nienawiść i sprzyjała atmosferze obojętności wobec ich losu. Moja Bubi opowiadała mi, że pamięta, jak jeden

Niemiec był zaskoczony po rozmowie z Żydem, ponieważ jego wrażenie było, że są, cytując go, „normalnymi ludźmi".

Spadła kolejna bomba, a jedna z najlepszych przyjaciółek Bubi ,razem z jej młodszą siostrą i ojcem, zginęły. Moja babcia była załamana.

Miasto było w ruinie, wszędzie rozsypane szkło, linie energetyczne leżały na ulicach. Po trzech dniach okupacji i bombardowań Hitler zawarł porozumienie ze Stalinem w sprawie podziału Polski na pół. Jego planem było zajęcie wszystkiego, jak kiedyś zrobił to Napoleon. Hitler sądził, że może zawrzeć pokój ze Stalinem, oddając mu wschodnią część Polski, a zachodnią zająć samemu.

Bubi i jej rodzina znaleźli się pod kontrolą rosyjskiej okupacji. Dla Bubi życie wróciło do normy, ale kulturowo było inaczej, w pewnych aspektach, nawet zaskakująco lepiej. Wróciła do szkoły, ale teraz do rosyjskiej, i uczyła się w tym języku. Rosjanie uwielbiali tańczyć i grać na mandolinach, więc Bubi też mogła tańczyć i cieszyć się muzyką. Chociaż pod rosyjską okupacją, ale przynajmniej mieszkała w rodzinnym mieście. Razem z dwiema innymi dziewczynami i trzema chłopcami stworzyła grupę taneczną i występowała na wszystkich uroczystościach. To było zabawne dla mojej babci w młodym wieku, nie zdawała sobie zupełnie sprawy z traumatycznych aspektów sytuacji.

Pod rządami Rosji nie było prywatnych przedsiębiorstw. Wszystko należało do państwa. Innymi słowy, dawali ludziom to, co chcieli, żeby mieli, i zabierali to, czego potrzebowali. Na przykład pewnego dnia ogłosili, że będą rozdawać cukier i zaczęły się długie kolejki ludzi czekających na ten cukier. Żydzi, którzy byli z zachodniej części Polski (pod niemiecką okupacją), przenieśli się na wschodnią część z powodu bezpieczeństwa w ciągu dwóch lat rosyjskiej okupacji. W rezultacie miasto Bubi stało się bardzo zatłoczone. W celu zmniejszenia przeludnienia Rosjanie zaczęli wysyłać wielu Żydów pociągami na Syberię. Pewnego dnia, podczas lekcji, dzieci usłyszały ogień artyleryjski, Niemcy ponownie okupowali ich terytorium przez trzy dni, zanim zawarto kolejne porozumienie między Rosją a Niemcami.

Bubi mieszkała w obszarze ukraińskim, więc pozostała pod rosyjską okupacją. Potem jednak Rosjanie wkroczyli do miast i zaczęli przejmować firmy ludzi, w tym ojca Bubi. Rosjanie dali wszystkim trochę czasu na powiadomienie, co pozwoliło rodzinie babci na ocalenie niektórych przedmiotów, takich jak mydło, które wówczas uważane było za przedmiot luksusowy i zdążyli przynieść je do domu. Przez te dwa lata okupacji moja babcia nie słyszała, aby ktokolwiek został zamordowany w jej mieście.

W tym czasie Rywka wyszła za mąż za mężczyznę o imieniu Munio Szar. Zaszła w ciążę, ale straciła dziecko. Byli małżeństwem tylko siedem miesięcy, kiedy Rosjanie wcielili Munia do armii, a po niemieckim ataku Rywka już go nigdy nie widziała.

Gerszon został zmuszony do pracy w innej aptece w sąsiednim mieście po tym, jak Rosjanie skonfiskowali jego sklep i mógł wracać do domu tylko na weekendy. Dla dorosłych utrata środków do życia była czymś więcej niż upokarzającym. To było wyniszczące.

7
NIEZAPOMNIANE OBRAZY

Powtarzające się obrazy nagich ciał mężczyzn, kobiet i dzieci przesuwają się przed moimi oczami. Jak stado zwierząt, popychani i szarpani, zmuszeni do pośpiechu i skakania w kierunku krwawej otchłani. „Schnell", krzyczeli oprawcy. To miejsce musiało być szybko przygotowane na kolejne stado nagich ciał stojących naprzeciw masowych grobów, których dotychczas świat nie znał. Skakali. Wyobrażałam sobie głoys tysięcy, jęki i płacz matek i dzieci. Przeżywałam to wszystko na nowo.

Jak miałam zasnąć? 19 000 zginęło w tamtym pierwszym pogromie. Wśród nich byli mój ojciec, moja matka, moja babcia, moje siostry, kuzynki, ciotki i wujkowie, całe sąsiedztwo. Spośród pozostałych 7 000 Żydów z naszego miasta, po dwóch miesiącach 6 000 spotkało to samo fatum. Powtórzyli tę samą trasę prowadzącą teraz do mniejszej masowej mogiły, aby ich pochłonęła. Tylko 1 000 młodych i zdolnych, ja wśród nich, miało zezwolenie na pozostanie w małym getcie. Zostaliśmy zmuszeni do produkcji dla Niemców: staliśmy się krawcami, szewcami, robiliśmy świeczki i buty, zajmowaliśmy się dziewiarstwem itp.

Podczas jednego z tych przymusowych zadań pamiętam dobrze następujące zdarzenie. Wyczuwając nasz nastrój i przygnębienie, Herr Keller, nadzorca, dodając jeszcze więcej cierpienia do naszego bólu, dumnie oznajmił: „Ja sam zastrzeliłem 8 000 Żydów, otrzymując 30 fenigów za głowę." To go nieźle wzbogaciło. Nie okazaliśmy żadnych emocji, dobrze wiedząc, że nasz los został przesądzony. Wkrótce wszystko się skończy. Po roku i miesiącu od śmierci 6 000 osób, udane „Judenrein" [odżydzanie] zostało osiągnięte. Przeżyła tylko garstka spośród 26 000 Żydów. Mieli szczęście — takie było jedyne wytłumaczenie. - Mania Lichtenstein, 14 czerwca 2000 roku.

Włodzimierz zdobyty

22 czerwca 1941 roku Niemcy zaatakowali ponownie, a miasto Bubi, Włodzimierz, zostało zdobyte. Rosjanie zaczęli się cofać, gdy zobaczyli rozpoczynającą się wojnę. Niemcy ogłosili, że wszyscy Żydzi muszą opuścić swoje domy i przyznać się do swojej narodowości.

Ustawili punkty rejestracyjne dla Żydów, aby zbierać dane i natychmiast sporządzić inwentaryzację całej populacji żydowskiej. Każda osoba pochodzenia żydowskiego została zarejestrowana, podając swoje imię, adres, płeć i wiek. Bubi pamiętała, że rejestrowała się z grupą przyjaciół i mimo że bali się, śmiali się, gdy pytano ich, czy są żonaci.

Niemcy zaczęli budować getta, otaczając obszary miasta drutem kolczastym. Utworzono dwa: „żywe getto" dla wykwalifikowanych pracowników i „martwe getto" dla pracowników niewykwalifikowanych.

Włodzimierz. Getta w okupowanej przez nazistów Europie w latach 1939-1944. Włodzimierz leży na północny wschód od obozu w Bełżcu.

Dom Bubi znajdował się w obrębie „żywego getta". Pamiętała, że różne rodziny zajmowały każdy pokój w jej domu — ludzie, których wcześniej nie znała. Bramy między dwoma gettami strzegła żydowska policja, a przejście między nimi było ograniczone do określonych godzin.

Jej getto miało kuchnię z zupą i szpital. Znajdowały się tam również warsztaty krawieckie i szewskie. Żydzi byli przydzielani do pracy w produkcji i rolnictwie. Tylko ci, którzy mieli zezwolenia na pracę, mogli opuszczać getto, codziennie wychodząc i wracając grupami. Wiele gett, zwłaszcza w Polsce, miało obozy przymusowej pracy. Zgodnie z internetową encyklopedią Muzeum Pamięci Holocaustu w USA w getcie łódzkim na przykład nazistowskie władze otworzyły 96 fabryk. Zdolność do pracy mogła uratować życie, ale najczęściej tylko tymczasowo.

Osoby uznane przez nazistów za nieużyteczne często były pierwszymi, które ginęły od strzału podlegały deportacji. Praca

Żydów, nawet przymusowa, była uważana za zbyteczną. Roboty przymusowe obejmowały sprzątanie dla niemieckiej policji, pracę w fabryce marmolady, dostarczanie wody mineralnej i prace rolnicze. Moja babcia wspominała, że wszystkie niemowlęta były odbierane rodzicom i nigdy więcej ich nie widziano. Żydom rozkazano oddać wszystkie wartościowe przedmioty, takie jak pieniądze, futrzane płaszcze, biżuterię, itp. Jeśli ktoś nie posłuchał, groziło mu zastrzelenie. Rodzina Bubi była jedyną na bloku, która miała radio, ale musiała z niego zrezygnować, tak samo jak ze złota i srebrnych świeczników szabatowych. Pieniądze i inne cenne przedmioty, które kiedyś były uważane za cenne, już nie miały dla nich znaczenia ani wartości. Wszystkie one musiały być oddane Niemcom. *„Zdegradowani w swym człowieczeństwie ludzie wyglądający jak roboty, zgarbione pod ciężarem ładunku, ich twarze odzwierciedlające smutek, ustawieni, aby dostarczyć, jak im kazano, przedmioty kiedyś tak cenne, a teraz bezwartościowe w obliczu śmierci."* — napisała Bubi i dodała: *„Zrezygnować ze swojego świecznika, dziedzictwa, które pozostało w rodzinach przez pokolenia i które zawsze było zapalane co piątek wieczór, było wyraźnym znakiem zniszczenia żydowskiego domu."*

To prawda, gdyż przez wieki, pokolenie po pokoleniu, rodziny zapalają świeczniki szabatowe każdego piątku wieczorem. Na przykład antyczne świeczniki, które otrzymałam jako prezent ślubny są zapalane każdego piątkowego wieczoru, kiedy wszyscy jesteśmy w domu, jako sposób powitania Szabatu.

Bubi była szczególnie przerażona pewnego popołudnia, gdy Niemcy wtargnęli do domu i zabrali jej matkę na posterunek policji za to, że nie oddała futrzanego płaszcza, którego tak naprawdę nie posiadała. Powiedziała, że musiała długo błagać Niemców, aby ich przekonać, że mówi prawdę i żeby puścili jej matkę. Żydzi byli teraz traktowani jak uwięzione zwierzęta.

Nakazano im zrobienie białej opaski z Gwiazdą Dawida, którą mieli nosić na ramieniu, aby można było ich łatwo zauważyć w razie próby ucieczki. Tę opaskę trzeba było nosić zawsze. Zostali zmuszeni do życia w gettach przez wiele miesięcy. Codziennie setki żydowskich mężczyzn wywożono, aby kopali groby. Mówiono im, że potrzebne są dwa. Moja babcia jakoś dowiedziała się, że pierwszy grób miał być na tyle duży, aby pomieścić dziewiętnaście tysięcy ciał. Później miała być kopana druga, mniejsza jama na tysiące kolejnych ciał. Według ocalałych, z którymi rozmawiałam, nazistowskie władze nie udzieliły Żydom tych informacji. Jednak oni dowiedzieli się o tym dzięki plotkom i od Żydów zmuszonych do pełnienia funkcji policjantów w gettach. Żydowska Policja, oficjalnie nazywana Żydowską Organizacją ds. Utrzymania Porządku Publicznego (niem. Jüdischer Ordnungsdienst; pol. Żydowska Służba Porządkowa), składała się z jednostek policyjnych żydowskich, które zostały utworzone podczas okupacji nazistowskiej w większości gett Europy Wschodniej. Utworzenie sił policyjnych zazwyczaj wiązało się z utworzeniem gett, które wyłączały ludność żydowską spod ogólnej jurysdykcji policji i tworzyły tym samym potrzebę alternatywnego systemu gwarantującego, że ludność żydowska przestrzega poleceń niemieckich okupantów.

Nazistom przygotowywano dokument, w którym były wymienione getta, gdzie dany Żyd miał być skierowany. Żywe getto było większe niż martwe i zostało otoczone drutem kolczastym. Każdy był uwięziony w getcie, ponieważ nikt nie mógł opuścić go bez niemieckiego nadzoru w celu wykonywania pracy przymusowej.

Podczas gdy początkowo każdemu Żydowi nakazano noszenie białej opaski z Gwiazdą Dawida, nazistom szybko zaczęło zależeć na zastąpieniu ich dużymi, pięciocalowymi jaskrawo pomarańczowo-żółtymi naszywkami na przodzie i z tyłu ubrań, aby można było ich jeszcze łatwiej zauważyć. Kolor był na tyle wyrazisty, że można go było dostrzec z daleka.

8

OKUPACJA NIEMIECKA

Bubi miała siedemnaście lat w czasie niemieckiej okupacji. Życie zmieniło się drastycznie i nagle. Siedziała w domu ze swoimi siostrami, płakała i nie chciała umierać. Dni były długie, więc śpiewały piosenki, aby umilić sobie czas. Podczas wywiadu dla Projektu Shoah Foundation, moja babcia wspominała polską piosenkę z kabaretu, którą śpiewały podczas wielu godzin w domu. Bardzo ją lubiła, ponieważ była to romantyczna piosenka o słodkiej melodii.

Żywność była rzadka, więc wszyscy pozostawali w stałym stanie głodu. Ponadto było bardzo zimno, ponieważ nie było ogrzewania. Bubi i Nechamka czasem znajdowały chwilowe ukojenie przed zimnem, zostając w łóżku pod pierzynami, odsłaniając tylko oczy i czekając, aż matka przygotuje śniadaniową zupę ziemniaczaną, która w rzeczywistości składała się głównie z wody. Przynajmniej to było coś do jedzenia, co mogło choć chwilowo ogrzać. Życie w getcie radykalnie zmieniło dziecinny światopogląd Bubi. Teraz żyła w stałym stanie strachu. Niemieccy żołnierze szydzili i terroryzowali Żydów codziennie, włączając w to obcinanie pejsów, czyli kosmyków noszonych przez ortodoksyjnych mężczyzn. Pewnego ponurego piątkowego wieczoru zabrali około stu żydowskich mężczyzn, torturowali ich i zamordowali jedynie po to, aby okazać swoją władzę i zastraszyć innych Żydów. Ta noc była nazywana „Czarnym Piątkiem", ponieważ miała miejsce w wigilię Jom Kipur, która tamtego roku zaczęła się w piątkowy wieczór. Moja babcia mówiła, że to wydarzenie dało im *„przedsmak tego, co miało nadejść. Przesłanie Niemców stało się jasne i wyraźne".* Bubi twierdziła, że niemal niemożliwe było zrozumienie stopnia barbarzyństwa Niemców. Jak ludzie mogli czynić takie okropności innym ludziom? Wszyscy mieli trudności z uwierzeniem, jak Niemcy mogli tak naprawdę być ich bliźnimi. W rzeczywistości nie wszyscy tego chcieli. Niektórzy, aż do samego końca, nie wierzyli w prawdziwość tego, co działo się dookoła nich. Wszyscy byli głodni. Nie było jedzenia lub były go jedynie minimalne ilości, ponieważ Niemcy odmawiali go Żydom. Uważali, że nie warto karmić ludzi, których niedługo zamordują. Towary uważane kiedyś za ważne stały się całkowicie nieistotne. Życie polegało na tym, aby wymyślić jak przetrwać, będąc na łasce tak straszliwych i barbarzyńskich ludzi. Bubi, podobnie jak inni, była pewna, że wkrótce zostanie zamordowana, i musiała walczyć o przetrwanie do tego przełomowego momentu. Żywo przypomniała sobie długie dni bezczynności na początku w getcie. Ona i Nechamka, być może pod wpływem swojej siostry Rywki, pełne były romantycznych marzeń, których drut kolczasty nie mógł powstrzymać. Marzyły o byciu młodymi i wolnymi, marzyły o tym jak śmiejąc się, spacerują ulicą Farną jak niegdyś. Bubi powiedziała, że przy dźwiękach muzyki przepływającej przez ich żyły śpiewały, a łzy ciekły im po policzkach. Były młode i chciały żyć. Ale świat wokół nie był normalny i one też nie czuły się normalnie.

Aby umilić sobie czas, rozplątywały wszelkie stare dziergane swetry, jakie tylko znajdowały i robiły je na drutach na nowo. Rywka stworzyła podczas tego czasu piękny sweter z misternym wzorem, którego Bubi nigdy nie zapomniała. Moja babcia powiedziała, że jej rodzice *„bezmyślnie patrzyli na nas bez żadnej nadziei."* Żydzi mieszkający w większym „żywym getcie" byli użyteczni dla Niemców pod względem pracy. Dlatego zostali utrzymani przy życiu — przynajmniej na jakiś czas. Ci Żydzi mieli specjalne umiejętności, których Niemcy potrzebowali, byli szewcami, producentami świec, itp. Rywka zdołała uzyskać dla swojego ojca papier, na którym został wymieniony jako murarz, chociaż faktycznie nie miał umiejętności układania cegieł, więc umieszczono ich w „żywym getcie". Ci zamknięci w „martwym getcie" wiedzieli, że są skazani na śmierć. Żydzi starali się obchodzić swoje święta, mieszkając w gettach. Nie mieli łączności ze światem zewnętrznym i trudno było im ustalić, jaki jest dzień według kalendarza księżycowego. Jednak jak w każdym małym miasteczku, zawsze był ktoś, kto miał kalendarz i śledził dni i święta. Wszyscy starali się obchodzić święta żydowskie najlepiej, jak tylko mogli. Byli świadomi rzezi, która trwała wokół nich i w całej Europie Wschodniej w tamtym czasie, ponieważ opowieści przenosiły się z wioski do wioski dzięki komuś, kto miał szczęście przeżyć masakrę. Moja babcia wspominała, że ludzie z sąsiednich miast czasem uciekali i dzielili się wiadomościami o strasznych rzeczach, które widzieli. Jeden chłopiec, z pobliskiego miasta, którego moja babcia znała, ponieważ często odwiedzał aptekę jej ojca, uciekł i opowiedział mojej babci i innym o rzezi, którą widział. Wszyscy myśleli, że opowiada brednie i kłamstwa. Prawda wkrótce stała się niezaprzeczalna. W sierpniu 1942 roku Niemcy zabrali około 500 kobiet do pracy na polach pszenicy. Ich zadaniem było ścinanie zboża, wiązanie go, a następnie maszyny mieliły je na mąkę. Kobiety pracowały długie godziny w rozpalonym słońcu na polach. Czasami pojawiały się burze deszczowe i wiatry prawie huraganowe, a Bubi bała się piorunów i deszczu. Niemniej jednak nie było zezwolenia na schronienie się przed tymi burzami. Podczas pracy na polach Niemcy zmuszali je wszystkie do biegu, nie chodzenia. Egzekwowali to, nadzorując kobiety z koni i chłoszcząc batem, jeśli nie pracowały wystarczająco szybko lub próbowały uciec. Pewnego razu Bubi została uderzona przez Niemca w twarz, gdyż uważał, że wkłada zbyt dużo pszenicy do maszyny. Czuła się upokorzona i nieważna, ale nie mogła pozwolić sobie na luksus płaczu, bo była tylko numerem, które miał zostać wkrótce unicestwiony.

W pierwszy i drugi dzień na polu dostawały jedną miseczkę zupy i mały łyk wody. Trzeciego dnia to się skończyło. Nie było zupy ani wody podczas pracy na gorących, otwartych polach. Zamiast tego musiały pić wodę z kałuży pełnej żab. Nie dostawały jedzenia ani picia, ponieważ uważano, że nazistowskie plany zakładały ich rychłą zagładę.

Bubi pamiętała, że jej babcia Henie dała jej małego kiszonego ogórka, którego dostała od kogoś innego. Chociaż wszyscy byli głodni, a jej babcia mogła zjeść go sama, nalegała, aby Bubi posiliła się. Ten bezinteresowny gest sprawił, że Bubi spojrzała na swoją babcię jak na bohaterkę. Ogórek był symbolem miłości.

Trzeciego dnia pracowali do późna. Nawet podczas strasznej ulewy, w trakcie grzmotów i błyskawic, nie było przerwy. Kobiety były przerażone pracą w takich warunkach na otwartym polu. Moja babcia powiedziała, że *„nawet natura była przeciwko nam"*. Późnym wieczorem przyjechały wreszcie ciężarówki, aby je odwieźć z powrotem do gett. Po tym, jak były traktowane w tych ostatnich dniach, wiedziały, że już się nie liczą.

9
POCZĄTEK KOŃCA

Po trzecim dniu pracy na polach pszenicy ciężarówki wreszcie zawiozły nas z powrotem do jednego z dwóch istniejących gett. Nie było to getto, w którym mieszkała moja rodzina. Był wieczór, a ja bardzo chciałam wrócić do domu. Moje błaganie strażników przy bramach, aby pozwolili mi wrócić do domu, było na nic. Wiedzieli, że nasz koniec jest bliski, po co się trudzić... Znając nastrój tamtej nocy, łatwo było mi wyczuć, jak bardzo moja rodzina była zaniepokojona. Nie wrócić do domu oznaczało dla nich tylko jedno — już nie żyję. Jak mogliby to znieść? Tę tragiczną i bezsenną dla moich bliskich noc opowiedział mi potem sąsiad, który przeżył pierwszy pogrom. Wydawało się, że wszyscy widzą niewidzialny znak, ogłaszający naszą apokalipsę. W przeciwieństwie do przekonania mojej rodziny, nie byłam martwa, lecz to właśnie oni zostali zabici w ciągu kilku nadchodzących godzin.

To, co tam się wydarzyło, było następujące: w nieoczekiwanym momencie Niemcy zaatakowali getto, zapanowała panika i chaos. Instynkt podpowiadał, żeby się schować, ale gdzie? Te prymitywne domy nie miały żadnych tajnych skrytek. Jedynym możliwym miejscem był strych. Zazwyczaj to miejsce przywoływało najpiękniejsze wspomnienia. Jako dzieci poddasze było naszym prywatnym rajem, gdzie bawiliśmy się godzinami. Zewnętrzna drabina prowadząca do niego wydawała się mieć sto stopni. W pośpiechu mój ojciec, matka, najstarsza siostra Rywka oraz moja niewidoma babcia pokonali te stopnie i weszli na poddasze. W chwili zasadzki moja średnia siostra, Nechamka, była u sąsiada i nie miała szansy wrócić. Wszyscy w tym domu schowali się gdzieś niedaleko pieca, z którego wydobywały się śmiertelne opary i w wyniku tego wszyscy zginęli z powodu zaczadzenia. Ledwo reszta rodziny, z bijącymi głośno sercami, weszła na strych, a już po chwili usłyszeli kogoś u stopni drabiny. Posłuchali rozkazu, aby natychmiast schodzić na dół. To nie było łatwe, zwłaszcza dla mojej babci. Mój ojciec praktycznie musiał ją znieść po szczeblach. Rozkazano im wsiąść do prawie całkowicie wypełnionych ludźmi ciężarówek.. Dobrze znali cel. Dotarli do gotowych masowych grobów i pozbawieni ubrań i godności zostali przez nie pochłonięci. Radzę sobie o wiele łatwiej z własnymi strasznymi doświadczeniami niż z tym. Przecież przeżyłam jedynie z powodu zwykłej igraszki losu. Być może to było przeznaczenie... ktoś musiał opowiedzieć o tym świecie. Nie mogę przestać przeżywać ich cierpienia i bólu. - Mania Lichtenstein, luty 1999

Moja babcia mówiła o pierwszym „pogromie", który miał miejsce pierwszego września 1942 roku. Użycie przez nią słowa „pogrom" było trafne w kontekście tego, co wiedziała na temat tego, co działo się wówczas na wiejskich terenach Polski. Pogrom to gwałtowny atak na jakąś grupę ze względu na jej tożsamość etniczną i najczęściej odnosi się do ataków na Żydów w XIX i XX wieku w Europie. Inni, komentując ludobójstwo, które miało miejsce we Włodzimierzu, również opisali te ataki w ten sposób. Podczas gdy pogromy były przeprowadzane głównie przez miejscową ludność, masowe egzekucje Żydów były przeprowadzane przez Einsatzgruppen.

Einsatzgruppen, czyli Grupy Specjalne, były specjalnymi jednostkami SS i policji, którym powierzono zadanie zabezpieczania okupowanych terytoriów w miarę postępu niemieckich sił zbrojnych na Wschodniej Europie. Oddziały bezwzględnie mordowały Żydów i przeciwników politycznych.

Wielu uważa, że systematyczne zabijanie Żydów na okupowanych terenach Związku Radzieckiego przez Einsatzgruppen i bataliony Policji Porządkowej (Ordnungspolizei) było pierwszym etapem Ostatecznego Rozwiązania, programu nazistowskiego mającego na celu zagładę wszystkich europejskich Żydów. W przeciwieństwie do późniejszych metod deportowania Żydów z ich miast i miasteczek i gett do obozów koncentracyjnych, Einsatzgruppen przychodziły bezpośrednio do żydowskich społeczności domowych i tam dokonywały masakry.

Usprawniano i przyśpieszano ten proces mordowania, zmuszając Żydów do kopania dużych dołów w ich rodzimych miejscowościach, a następnie strzelano do nagich ludzi, zrzucając mężczyzn, kobiety i dzieci do dołów i zakopując je.

Einsatzgruppen działały szybko, zaskakując ludność żydowską i pozostawiając ją sparaliżowaną i niezdolną do obrony. Mordy masowe były dobrze zorganizowane i gdy tylko jakiś nowy teren został zajęty, Einsatzgruppen likwidowały Żydów, członków partii komunistycznej, Cyganów i inteligencję.

Jeśli rozkaz nakazywał „całkowitą zagładę", do obławy włączano żydowskie kobiety i dzieci. Złapanych prowadzono na obrzeża miasta i strzelano do nich. Ich ciała były zakopywane w masowych grobach, warstwa po warstwie.

Na procesie norymberskim w 1946 roku jeden z dowódców Einsatzgruppen opisał typową masakrę:

„Jednostka [Einsatz] wchodziła do wsi lub miasta i nakazywała prominentnym obywatelom żydowskim wezwać wszystkich Żydów w celu „przesiedlenia". Proszeni byli o przekazanie swoich wartościowych przedmiotów i krótko przed egzekucją oddawali także swoje ubrania. Byli transportowani do miejsca egzekucji, zazwyczaj do rowu przeciwczołgowego, ciężarówkami, zawsze tylko tylu, ile można było natychmiast stracić... Następnie strzelano do nich, klęczących lub stojących, a zwłoki wrzucano do rowu."

(źródło: Einsatzgruppen – mapa animowana z Encyklopedii Holokaustu)

To było podobne do tego, co miało miejsce w Babim Jarze, położonym na obrzeżach Kijowa, niedaleko rodzinnej miejscowości mojej babci. 19 września 1941 roku Wehrmacht zdobył Kijów w Ukrainie. W ciągu tygodnia kilka budynków zajmowanych przez niemieckie wojsko zostało wysadzonych przez sowiecką policję tajną, a w odwecie Niemcy przystąpili do zabijania wszystkich Żydów Kijowa.

Rozkaz został ogłoszony w całym mieście zarówno po rosyjsku, jak i ukraińsku:

„Żydzi miasta Kijowa i okolic! W poniedziałek 29 września musicie się pojawić do godziny 7 rano ze swoimi rzeczami, pieniędzmi, dokumentami, kosztownościami i ciepłymi ubraniami przy ulicy Dorogozhytskiej, obok żydowskiego cmentarza. Niestawienie się będzie karane śmiercią."

Od cmentarza Żydzi zostali poprowadzeni do Babiego Jaru, wąwozu zaledwie 3 km od centrum miasta. Kierowca ciężarówki opisał to, co zobaczył na miejscu:

„Obserwowałem, co się działo, gdy Żydzi — mężczyźni, kobiety i dzieci — przybyli. Ukraińcy prowadzili ich obok kilku różnych miejsc, gdzie jeden po drugim musieli zostawić swoje bagaże, potem płaszcze, buty, wierzchnią odzież, a także bieliznę. Musieli oddać swoje kosztowności w wyznaczonym miejscu. Dla każdego artykułu odzieżowego był specjalny stos. Wszystko to działo się bardzo szybko... Nie sądzę, że minęła nawet minuta od czasu, kiedy każdy Żyd zdejmował płaszcz, zanim stał tam całkowicie nagi...

Rozebrani Żydzi zostali wprowadzeni do wąwozu, który miał około 150 metrów długości, 30 metrów szerokości i dobre 15 metrów głębokości... Kiedy doszli na dno wąwozu, Schutzpolizei zmuszała ich do położenia się na tych Żydach, którzy już zostali zastrzeleni. To wszystko działo się bardzo szybko. Zwłoki były dosłownie warstwami. Strzelec policyjny przechodził i strzelał każdemu Żydowi w kark z pistoletu maszynowego... Widziałem tego strzelca stojącego na warstwach zwłok i strzelającego raz za razem... Przechodził po ciałach straconych Żydów do następnych, którzy tymczasem położyli się i strzelał znowu."

Przez następny tydzień zamordowano 33 771 Żydów w Babim Jarze. W kolejnych miesiącach to miejsce stało się ostatnim przystankiem w życiu dla Romów i sowieckich jeńców wojennych. Sowieckie relacje po wojnie szacują liczbę zabitych na 100 000 chociaż różne badania i artykuły nie potwierdzają tego. Prawdziwa liczba zamordowanych prawdopodobnie nigdy nie będzie znana. Słuchając szczegółów o pogromach, które opisywała moja babcia, mogę dodatkowo skorzystać z badań przeprowadzonych pod koniec XX wieku. Jestem całkiem pewna, że ta bardzo zorganizowana, zdyscyplinowana, uzbrojona siła paramilitarna jest doskonałym dowodem, że celem od początku była eksterminacja wszystkich Żydów z powierzchni ziemi, a ostateczne rozwiązanie było dokładnie tym, do czego Einsatzgruppen zostały powołane.

W celu użycia odpowiedniego sformułowania, aby odzwierciedlić to, o czym moja babcia pisała i co pokazywała w swoich wierszach i prozie, będę kontynuować używanie słowa „pogrom". Moja babcia wspominała, że o godzinie 23:00 pierwszego września 1942 roku, który był trzecim dniem pracy na polu pszenicznym, ona i wszyscy inni tam pracujący zostali wepchnięci jak bydło do trzech ciężarówek i zawiezieni z powrotem do martwego getta. Kiedy Bubi tam dotarła, zaczęła płakać. Powiedziała im, że mieszka w innym getcie. Ukraińcy blisko współpracowali z nazistami. Zgodnie z „Operacyjnym Raportem Sytuacyjnym nr 6 Einsatzgruppen Policji Bezpieczeństwa i SD w ZSRR (za okres od 1 do 31 października 1941 r.)" wśród ukraińskiej ludności panowała ogromna nienawiść wobec Żydów, ponieważ uważano ich za odpowiedzialnych za eksplozje w Kijowie. Widziano ich także jako informatorów i agentów, którzy byli odpowiedzialni za terror przeciwko ludności ukraińskiej. Wszyscy Żydzi zostali aresztowani w odwecie za podpalenia w Kijowie, a razem 33 771 Żydów zostało straconych 29 i 30 września 1941 r. Złoto, kosztowności i ubrania były zbierane i oddawane do dyspozycji NSV, na wyposażenie Volksdeutsche, a część oddawana w zarząd miasta do rozdania potrzebującej populacji. Więc kiedy Ukraińcy przywieźli wszystkich z pól pszenicznych do martwego getta, a moja babcia zaczęła płakać i błagać ich, aby zabrać ją do żywego getta, śmiali się z niej i nie pozwolili wrócić do rodziny. Moja babcia była jedyną osobą w swojej rodzinie pracującą na polu pszenicznym i obawiała się, że jej matka już uwierzyła, że została zabita. Kiedy dotarła do martwego getta, była prawie północ. Rodzina męża Rywki mieszkała tam, więc tego wieczoru ich szukała. Bubi znalazła kuzyna swojej siostry o imieniu Popa, który miał zaledwie czternaście lat, matkę Popy i dwoje rodzeństwa — sześciomiesięczne i czteroletnie. Przez całą noc pozostali na wszelki wypadek ubrani i gotowi. Nikt przez całą noc nie rozmawiał, było cicho jak w grobie, bo wszyscy wiedzieli, że zaraz zostaną zabici. Nikt się nie ruszał, nikt nie spał. Według Bubi ta noc była bardzo długa, ponieważ wszyscy wiedzieli, co ich wkrótce spotka. O świcie zobaczyli, że są otoczeni przez Niemców i Ukraińców z automatycznymi karabinami w rękach, gotowych do ataku. Wiedzieli, że to koniec.

O godzinie 6 rano pierwszego września 1942 roku Niemcy wkroczyli do martwego getta. Pierwsze strzały Rozległy się pierwsze strzały, wszyscy krzyczeli, płakali, panował absolutny chaos. Bubi, teściowie jej siostry i kilku dalszych krewnych uciekli do kryjówki. Słyszeli stukot niemieckich butów, Niemców szukających swojego łupu. Znana im była zamożna rodzina mieszkająca na trzecim piętrze. Bubi, Popa i jego rodzina podążyli za tą bogatą rodziną, która tam mieszkała. Na tylnej ścianie znajdowała się szafa, jej tył przesuwał się, a za nim znajdowały się drzwi do tajemniczego strychu, gdzie mogli się schować. Na dole słyszeli, jak matka Popy jęczała, gdy była wyprowadzana ze swoimi dwójką małych dzieci. Gdziekolwiek było niemowlę, miejsce ukrycia było narażone na odkrycie. Bubi słyszała matkę Popy krzyczącą i czuła się całkowicie bezsilna. Wszyscy byli zdesperowani, aby przeżyć, i nikt nie mógł ukryć płaczącego dziecka przed nazistami. Ona i inni zostali na tym strychu przez piętnaście dni. Było niesamowicie gorąco, wszyscy siedzieli skuleni, niemi, nieruchomi i z rozpaczą słuchali dźwięków wszystkich horrorów na zewnątrz. Słyszeli, jak Niemcy niszczyli każdy żydowski dom, szukając wszędzie ukrywających się. Ponieważ 19 000 Żydów miało zginąć, słyszeli, jak biegają po dachach, szukając kolejnych Żydów. Bubi i inni zostali na ciemnym strychu bez jedzenia i wody. Przez żaluzje widzieli, co działo się w drugim getcie. Wielka panika zapanowała, gdy Niemcy podpalili je i wszyscy zostali z niego w ten sposób wykurzeni dymem lub zginęli. 19 000 osób zostało unicestwionych. Bubbie wspominała, że Niemcy ciągle im powtarzali, aby się nie martwili, ponieważ są w żywym getcie, ale to wszystko było kłamstwem wygłaszanym po to, aby ich uspokoić. Ludzie płakali histerycznie i recytowali modlitwę zwaną „Shema".

Shema Yisrael („Hear, O! Israel") to pierwsze dwa słowa z Tory, które stanowią centralny punkt porannej i wieczornej modlitwy, skupiając w sobie monoteistyczną istotę judaizmu: „Słuchaj, Izraelu: Pan jest naszym Bogiem, Pan jest jedyny". Jej recytacja dwa razy dziennie (rano i wieczorem) to przykazanie biblijne. Ponadto jest recytowana tuż przed pójściem spać, a także podczas modlitwy Kedusza w szabat. Modlitwa ta stała się tak istotna dla ludu żydowskiego, że jest kulminacją ostatniej modlitwy Ne'ilah podczas Jom Kipur i tradycyjnie są to ostatnie słowa Żyda na ziemi.

Do godziny 13.00 wszyscy zostali zabrani samochodami, minęli żywe getto i kierowali się w stronę miejsca o nazwie Piatydnie, gdzie ogromne dwa groby już na nich czekały. Według Yad Vashem Niemcy zamordowali 15 000 Żydów z miasta Włodzimierz niedaleko wsi Piatydnie, dwanaście kilometrów na zachód od miasta, w dniach 1-3 września 1942 r. Żywe getto zamieniło się w piekło. To był dzień, w którym rodzina Bubi i żywe getto zostały zamordowane.

Cisza, którą słyszę

Słyszę was dobrze, moi najbliżsi,
Przez kompletną ciszę z daleka,
Za milami oceanu dobrze ukrytą,
Zapomnianą przez świat już teraz.
Tylko raz zobaczyłam to miejsce okropieństwa,
Udekorowane z jednej strony bujnymi lasami sosnowymi,
Z drugiej rozległym, bezkresnym polem,
Gdzie teraz wszyscy z was na zawsze spoczywają w ciszy.
Dwie zbiorowe mogiły ukrywające dwadzieścia pięć tysięcy,
Ciała Żydów młodych i starych,
Czy to jest cisza, która rezonuje,
Czy krzyki udręki, które słyszę?
Przynajmniej teraz już nie cierpicie,
Ciemne, krwawe dni minęły,
Na zawsze będę pamiętać wasze jęki i łzy,
I wieczną ciszę będę słyszeć.
Obrzydliwe miejsce w odległym zakątku Polski,
Nazywa się „Piatydnie".
Był to rok 1942.

Mania Lichtenstein, wrzesień 2002

10

ŻYCIE NA STRYCHU

Moja babcia opowiedziała mi, że jakimś cudem ich dach nie został rozerwany i dzięki temu pozostali przy życiu. Odważna rodzina, u których się ukrywali, przyniosła im torbę herbatników do podziału. Była też torba grochu, surowe ziemniaki i kilka kawałków sucharów. Nie wiedzieli, jak długo tam zostaną.

Przez dwa dni prawie nic nie jedli poza herbatnikami. Z powodu braku wody byli skrajnie odwodnieni. Po ośmiu dniach młody nastolatek o imieniu Plot, który ukrywał się z nimi, przypomniał sobie, że na balkonie jest trochę wody. Odważnie wyszedł i wrócił ze stojącą wodą, która zazwyczaj służyła do mycia włosów, ale nie do picia. Niemniej jednak wszyscy wzięli łyk. Teść Rywki dał dzieciom swoją porcję, gdy przyszła ich kolej. To był szlachetny gest, a woda od tego dnia miała dla mojej babci znacznie większe znaczenie.

Nikt nie czuł się już jak człowiek. Wszyscy byli bardzo wyniszczeni i osłabieni. Ich ubrania stawały się za duże, podczas gdy ciała kurczyły się. Z powodu braku sił z głodu i odwodnienia musieli się trzymać czegoś, aby chodzić, i przez kilka dni nikt nie rozmawiał. Nie myśleli o jedzeniu ani o przetrwaniu. I rzeczywiście, brak jedzenia okazał się szczęściem w nieszczęściu, ponieważ nie musieli tak często załatwiać swoich potrzeb, co było krępujące na oczach innych. Bubi zastanawiała się jednak, dlaczego jej matka, ojciec i siostry zostali zabici, a nie ona. Pewnego dnia usłyszeli, jak Ukraińcy hałasują na dachach. Zrywali dachy w poszukiwaniu Żydów. Wiedzieli, że wielu ukrywa się na strychach i Bubi słyszała jak mówią: „Czy znajdziemy tutaj Żydów?" jakby kopali złoto. Na szczęście nie zerwali blachy dachowej ani nie strzelali w miejsce, gdzie Bubi się ukrywała. Ukraińcy i Niemcy byli nieugięci w poszukiwaniu każdego żyjącego Żyda. Patrzyli przez szczeliny w oknach strychu lub łapali Żydów ukrywających się na ulicach. Nasłuchiwali czujnie i chcieli więcej i więcej zabijać. Ciała były układane obok siebie warstwami w grobach. Każda warstwa była ostrzeliwana pociskami, a następnie przykrywana nową grupą ciał. Dla nazistów nie miało znaczenia, czy jakiekolwiek ciała pod spodem były jeszcze żywe. Bubi znała czternastoletnią dziewczynkę ze swojej szkoły, która była ostatnią osobą postrzeloną pewnego dnia, chociaż została tylko trafiona w nogę. W środku nocy, podczas gdy grób był jeszcze nieprzykryty, odzyskała przytomność i uciekła do najbliższego domu, gdzie mieszkał rolnik. Zlitował się nad nią i pozwolił ukryć się.

Po południu piętnastego dnia przez szczeliny w ścianach strychu Bubi i inni zobaczyli grupę wychudzonych i chwiejących się na nogach Żydów prowadzonych przez Niemców. Najprawdopodobniej spotkał ich ten sam los co innych, pogrom się skończył. Zginęło 19 000 Żydów. Ludzie powoli zaczęli wyłaniać się z ukrycia. Teraz, gdy osiągnięto określoną liczbę, nie strzelano już do nikogo ani nie wywożono pociągami. Moja babcia zawsze opisywała Niemców słowami takimi jak „precyzja" i „organizacja". Mówiła, że prowadzili skrupulatne zapisy i byli doskonałymi matematykami i strategami. Tak więc, gdy osiągnięto ustaloną liczbę pierwszego pogromu, już nikt więcej nie został zabity. Bubi powiedziała, że przetrwała, nie mogąc wrócić do domu po długim dniu na polu pszenicy i przez przypadek znalazła się w niewłaściwym getcie. Powiedziała dość bezceremonialnie jeszcze raz: „To był los". Ona i inni zaczęli opuszczać strych. Wyłonili się jak szkielety, ledwo mogąc chodzić, bez energii, z poważnym osłabieniem. Byli na razie wolni i natychmiast zaczęli wędrować. Każdy dom był pusty. Szukali czegokolwiek i kogokolwiek. Bubi myślała, że daremnie mieć nadzieję, że może ktoś z jej rodziny przetrwał. Sprawdziła, ale wszystko, co znalazła, to pustka. Popa i ona znalazły mąkę, wymieszały ją z wodą i upiekły chleb. Bubi pamiętała jak piła wodę, a potem cierpiała na biegunkę po tak długim czasie z tak małą jej ilością. Niemcy kontynuowali organizację życia dla pozostałych Żydów. Dla 7 000, którzy przetrwali, stworzono mniejsze getto. Otworzyli kuchnię i dali im trochę jedzenia, jakby była to standardowa procedura, jakby nic strasznego się nie wydarzyło. Sześć dni po zakończeniu pierwszego pogromu znaczna liczba ocalałych Żydów zmarła z powodu odwodnienia. Teść Rywki zmarł, gdy tylko położył się na chwilę po wyjściu ze strychu. Prawie nie było żywych osób starszych ani niemowląt. Bubi znała kogoś, kto znał nazwisko niemieckiego lidera odpowiedzialnego za operację, która pochłonęła życie tak wielu niewinnych Żydów. Powiedziano jej, że był to wysoki Ukrainiec zwany „Iwanem Groźnym". Naziści przynieśli ubrania zamordowanych Żydów do szkoły, zwanej „Czerwoną Szkołą" od koloru cegły, i kazali pozostałym Żydom je sortować. Moja babcia była w tym obozie pracy przymusowej, a nie w obozie koncentracyjnym. To pozwoliło jej uniknąć tatuażu, w przeciwieństwie do wielu innych Żydów. Podczas sortowania ubrań zobaczyła sweter Rywki. Wiedziała, że należał do niej, ponieważ siostra sama go zrobiła na drutach w pierwszym getcie. Był różowy i fioletowy i miał skomplikowany wzór z kwadratem i linią po obu stronach. Obok niego Bubi zobaczyła jedyną plisowaną kurtkę swojej babci. Nie płakała, gdy zobaczyła te ubrania, ponieważ myślała o członkach swojej rodziny jako o szczęśliwcach. Teraz byli w pokoju. Byli w niebie. Rodzina Bubi zginęła podczas pierwszego pogromu. Jej siostra Nechamka jednak nie była z rodziną, gdy została zabita. Gdy doszło do łapanki, była w domu kuzyna — Saniego. W panice ojciec, matka, siostra, brat Saniego i Nechamka ukryli się w dziurze gdzieś w pobliżu pieca. Wszyscy zaczadzili się. Bubi i Sani byli oboje oddzieleni od swoich rodzin. Sani dowiedział się o ich śmierci od kogoś, kogo znali. Powiedziano mu, gdzie może znaleźć ciała. Niemcy dali im pozwolenie na poszukiwanie ciał i na wykopanie dołu obok domu, aby tam je pochować. Obydwoje kopali przez godziny, ale nie byli w stanie znaleźć ciał. W wieku 21 lat Nechamka stała się kolejnym numerem w statystykach 19 000, które zostały zabite. Bubi była teraz jedną z sześciu dziewcząt, które mieszkały razem. Dwa miesiące później rozpoczął się drugi pogrom. Potrzeba było jeszcze dwóch kolejnych, aby zlikwidować łącznie 26 000 Żydów mieszkających w rodzinnym mieście Bubi. „Judenrein," czyli czystość od Żydów, cel nazistów, został zrealizowany.

11

NOWE GETTO

To nie był koniec. Stworzono kolejne getto, a naziści ponownie podzielili je na części znane jako „żywe getto" i „martwe getto". Moja babcia została przydzielona do martwego getta i przypomniała sobie, że nazwisko niemieckiego lidera rządzącego tym obszarem brzmiało chyba Westingheider. W tym getcie Bubi mieszkała z pięcioma innymi dziewczynami w małym pokoiku: Popa Fine i Genia Seifert, a także Hanka, Cypora i Batia (nazwiska nieznane). Miały kuchnię, gdzie pamięta, że piły kawę. Powiedziała mi też, że nie było tam ogrodu i że już nie śpiewała, nie marzyła i brakowało śmiechu. Do tej pory Bubi straciła wszelką nadzieję na przetrwanie. Codziennie pracowała dla Niemców. Opowiedziała mi o jednym dniu, kiedy jakoś skaleczyła sobie brew o ramę okna, co spowodowało znaczną utratę krwi. Niemcy pozwolili jej opuścić pracę i wrócić do getta, aby zająć się raną. Bubi znała parę, która została przydzielona do żywego getta i tamtej nocy kobieta, Hanka Oks, poprosiła Bubi, aby przyszła, ponieważ wiedziała, że jest głodna, a jej udało się ugotować trochę zupy. Ponieważ Bubi tego dnia nie pracowała, poszła na noc do getta do tej pary. W listopadzie 1942 roku, dwa miesiące po pierwszym pogromie, rozpoczął się drugi pogrom. Pewnego poranka wszyscy mieszkańcy

„martwego" getta zostali wymordowani w ciągu kilku godzin. Zamordowano 8 000 Żydów.

1 000 Żydów, w tym Bubi, pozostało przy życiu w „żywym getcie". Babcia powiedziała, że gdyby nie spędziła nocy z przyjaciółmi, zostałaby schwytana i zabita jak niektóre z jej współlokatorek. „To był los," powiedziała ponownie z wielkim przekonaniem. Po drugim pogromie pozostałych Żydów przeniesiono do jeszcze mniejszych gett. Bubi opowiadała, że widziała ludzi biegających nago przy wykopanych dołach i ostrzeliwanych z karabinu maszynowego. Słyszała pijanego Niemca, który chwalił się, że osobiście zastrzelił i zabił 10 000 Żydów. Myślała o swoich rodzicach i pocieszała się, ze właściwie to dobrze, że nie przeżyli. Nie myślała, że jej matka mogłaby sobie poradzić, gdyby przeżyła, a jej córki nie. Bubi powiedziała, że niemiecka operacja była przeprowadzona z bezduszną precyzją i intensywnością. Jedna z jej przyjaciółek powiedziała jej, że była świadkiem jak Niemcy mordowali jej rodzinę przy grobie. W wielkim strachu i depresji, ta przyjaciółka błagała nazistów, aby i ją zastrzelili. Niemcy zignorowali jej prośbę o śmierć i nakazali powrót do getta. Najwyraźniej zdecydowali się jej nie zabijać, ponieważ osiągnęli dzienną ilość zamordowanych Żydów. Podczas jednej z wielu rozmów z Bubi na temat szczegółów jej przetrwania, zwróciła uwagę, że początkowo myślała, iż podczas drugiego pogromu zamordowano łącznie 26 000 Żydów. Potem przypomniała sobie, że Popa poprawiła ją wiele lat temu, mówiąc, że faktycznie liczba zamordowanych Żydów wynosiła 28 000. Dokumenty potwierdzają, że między 1 a 3 września we Włodzimierzu Einsatzgruppen były odpowiedzialne za rozstrzelanie 25 000 Żydów z miasta i okolic. Działo się to w Piatydniach. 13 listopada 1942 roku Niemcy zabili kolejne 3 000 Żydów z miasta w pobliżu tej samej miejscowości. To są straszne historyczne fakty, które powinniśmy pamiętać, aby nigdy więcej do nich nie dopuścić.

Mały brązowy but

Daleko od naszego miasta, w opuszczonym miejscu, stały dwa masowe groby. Były wykopane wcześniej przez Żydów, wielu z nich nigdy nie trzymało łopaty w rękach. Jednak pod czujnym okiem Niemców, w pocie czoła i wyczerpani, przygotowali doły. Jeden duży grób miał pomieścić 19 000 ciał, a mniejszy 6 000. Przyszedł pierwszy pogrom i 19 000 ciał było gotowych, aby wypełnić pierwszą jamę. Dwa miesiące później drugi pogrom przyniósł 6 000 więcej ciał. Do tej pory plan działał. Wszędzie zapadła cisza. Już nigdy więcej nie usłyszymy tumultu, płaczu, jęków, gdy skakali do grobów, aby zostać zastrzelonymi. Ale coś poszło nie tak. Żydowska krew zaczęła buntować się. Nie było dla niej wystarczająco dużo miejsca w tych zatłoczonych grobach. Wybuchła i pojawiło się „czerwone morze". W tym czasie tylko tysiąc młodych Żydów pozostało w małym getcie, utrzymywanych, aby wykonywać wszystkie brudne prace, na przykład takie jak kopanie dołów. Wyposażeni w łopaty, dostaliśmy rozkaz zlikwidowania tego strasznego miejsca, zatuszowania i wymazania wszelkich dowodów. Nie martwili się o nas jako o świadków, bo i my za kilka miesięcy zostaniemy uciszeni. Gdy zbliżałam się do grobów, moje oczy dostrzegły mały brązowy but, wdeptany w ziemię przez tysiące stóp. Wszystkie ubrania ofiar, które były noszone dawno temu, zostały przyniesione z powrotem do getta, abyśmy mogli je sortować, zanim zostaną wysłane do Niemiec. Tylko jeden mały brązowy but dziecka w wieku trzech lub czterech lat został pozostawiony. Być może miał być przypomnieniem o ludzkich okrucieństwach, które miały miejsce na tym opuszczonym terenie. Obraz tego małego brązowego buta często przychodzi mi na myśl. Lubię nazywać go „Małym Pomnikiem." Jedynym pomnikiem. - Mania Lichtenstein, wrzesień 1998

12

TYLKO TYSIĄC POZOSTAŁO

Dla pozostałych 1000 Żydów stworzono kolejne getto, lecz tylko dla osób z odpowiednimi zawodami. Wyglądało na to, że naziści utrzymywali przy życiu jedynie tych, którzy byli dla nich wartościowi. W tym getcie Żydzi musieli zawsze nosić ze sobą dokumenty. Jeśli Żyd nie miał wymaganego papieru, na którym był wymieniony jego zawód, pozostawał w ukryciu. Bubi nie miała takiego dokumentu. W getcie mieszkał świecarz, który kiedyś znał ojca mojej babci. Przypomniał sobie przysługę, którą jej ojciec kiedyś mu wyświadczył przed wojną. Zaoferował pomoc Bubi. Znał człowieka o imieniu Leon Hirschhorn z Czechosłowacji, który miał dodatkowy dokument. Jego żona została zastrzelona na ulicy, bo wyszła na zewnątrz bez swojego dowodu tożsamości. Świecarz dał ten dokument Bubi i była mu bardzo wdzięczna, to oznaczało życie. Bez niego w końcu też zostałaby zastrzelona. Na papierze opisano jej zawód jako „pracownica sklepowa". Rok urodzenia kobiety to 1906, ale moja babcia była tak słaba i dziecinnie wyglądająca, że musiała wymazać zero i napisać „1," w ten sposób odzwierciedlając swój wiek. Na razie Bubi miała bardzo ważny Ausweis (dokument tożsamości), który ostatecznie pomógł uratować jej życie. To nowe getto nazywało się Handwerker-Genossenschaft, co oznacza „spółdzielnia rzemieślników". Mieszkało tam około piętnastu młodych kobiet, które były zmuszone pracować w warsztacie dziewiarskim dla niemieckich żołnierzy i ich polskich dziewczyn. Niemcy dostarczali wełnę, z której kobiety robiły czapki, rękawiczki i skarpety dla nich. Bubi powiedziała: „Robienie na drutach i snucie marzeń ładnie się łączą i każde zdanie zaczynało się od „Jeśli przetrwamy..." Myśleli też dużo o jedzeniu. Bubi mówiła, że ludzie wymyślali zdania typu: „Jeśli przetrwam, zjem pieczeń wołową."Ale moja babcia naprawdę myślała o słodyczach. Marzyła, że jeśli przetrwa, zje ciasto i dżem. Nawet żartobliwie powiedziała, że jako posag, gdyby wyszła za mąż, chciałaby otrzymać duży słoik dżemu, dodając: „Skoczę do tego słoika i zamieszkam w nim".

Jej ulubiony posiłek pochodził od dwóch chłopców, którzy wyciągnęli butelkę oleju, a ona i inni znaleźli pomidora w ogrodzie. Wszyscy zjedli go razem z solą i olejem, który chłopcy przynieśli z powrotem. Powiedziała, że był to najbardziej niebiański smak i że już nigdy więcej w swoim życiu nie skosztowała czegoś tak wspaniałego jak ten jeden pomidor.

To właśnie wtedy Bubi bardzo chciała odwiedzić miejsce, gdzie kiedyś stał jej dom z dzieciństwa. Podejmując duże ryzyko, faktycznie tam dotarła. Tak jak się spodziewała, wszystko zniknęło, oprócz stosu cegieł, kilku poobijanych garnków, jednej skarpetki ojca i jednego pięknego błękitnego trzewiczka Rywki. Bubi powiedziała, że bez względu na zło, które ludzie czynią sobie nawzajem „natura nie chce mieć z tym nic wspólnego i kontynuuje swoje zadanie." Zauważyła, że Niemcy nie mogli całkowicie zniszczyć miejsca, które kiedyś było jej pięknym ogrodem, jej „magiczną krainą marzeń". Wiśniowe drzewa, które jej ojciec pielęgnował przez wiele lat, wciąż miały pnie pokryte białą farbą, której używał, aby chronić je przed pękaniem. A drzewa kwitły, jakby w różowo-białym sprzeciwie, aby powiedzieć, że życie będzie trwało dalej. Bubi opisała życie w tym getcie jako monotonne, z wyjątkiem niektórych „brudnych" prac, które byli zmuszeni wykonywać, takich jak usuwanie gruzu ze zniszczonych żydowskich domów. Pewnego razu Bubi została zabrana z innymi do cienko przykrytego masowego grobu, gdzie ciała zaczynały się rozkładać.

Krew nasycała glebę, przyciągając wilki i dzikie psy. Bubi i inni dostali łopaty i kazano im przykryć groby większą ilością błota. „Za każdym razem, gdy kopaliśmy, pojawiała się głowa z włosami. Mogły to być nasze matki lub siostry". Działali w stanie odrętwienia, aby wytrzymać taką krwawą pracę. Bubi robiła to przez jeden rok, jeden miesiąc i jeden dzień dokładnie po drugim pogromie. I właśnie wtedy nastąpił trzeci pogrom, kiedy Niemcy, pewnego grudniowego poranka w 1943 roku, zdecydowali się zlikwidować pozostałych 1000 ocalałych Żydów. Było wcześnie i Bubi wraz z innymi przygotowywali się do codziennej pracy. Nagle wszędzie zapanował chaos. Niemcy i Ukraińcy wtargnęli do getta, strzelając do kogokolwiek kto się pojawił. Nie musieli szukać, ponieważ wszystkie ofiary były tam i wpadły prosto w ich ręce. Zgromadzili wszystkich w getcie. Ludzie biegali wszędzie jak przestraszone myszy. Moja babcia opisała scenę przypominającą „mrówki na białym śniegu," ponieważ biegali, ale nie było gdzie się schować i było niemożliwe stworzenie miejsca do ukrycia. Bubi zaczęła biec, jak inni, nie wiedząc, dokąd uciekać. Ona i kilka innych osób znalazło małą opuszczoną szopę, podobną do tej, w której ludzie mogą przechowywać drewno, z niewielką ilością miejsca w środku. Wszyscy stali wewnątrz, przyciśnięci do siebie, nie mogąc ruszyć rękami ani nogami. Bubi szacowała, że w środku było dwadzieścia osób, w tym Popa, z którą Bubi nie rozstawała się od czasu pierwszego pogromu. Stali w tej szopie, modląc się cicho o życie. Stali tam nieruchomo przez cały dzień bez jedzenia i wody, słuchając horroru na zewnątrz, gdy żołnierze kontynuowali poszukiwania kogoś do zabicia. To był ostatni etap realizacji misji nazistów. W środku tej nieskończenie długiej nocy na zewnątrz nie było żadnego dźwięku. Wyglądało na to, że wszystko zatrzymało się. Powietrze było tak gęste w tej małej szopie, że w końcu od ich własnego oddychania na suficie zaczęła się tworzyć wilgoć i zaczęło na nich padać. Stało się fizycznie nie do zniesienia, aby wytrzymać tam dłużej. Emocjonalnie nikt nie chciał zaakceptować tego, co się działo. Wiedzieli, że będą musieli opuścić szopę lub umrzeć w niej. Zdecydowali więc, że wyjdą. Jednogłośnie ustalili, że trzeba uciec z tej szopy i zaryzykować śmierć. Wychodzili co dwie osoby co dziesięć minut. Getto było puste. Moja babcia powiedziała: „Tylko psy szczekały jak szalone". Wybiegła z Popą. Getto było opuszczone nawet przez niemieckich strażników, więc obie wyszły przez otwór w drucianym płocie, który ktoś zrobił. Było zupełnie ciemno i wszyscy w mieście zdawali się spać.

Janina Zawadzka.

Bubi nie wiedziała gdzie uciekać ani gdzie się ukryć. Na szczęście Popa znała pewną Polkę — Janinę Zawadzką, która była skłonna im pomóc.

Przed wojną ta kobieta otrzymała od rodziców Popy pewne wartościowe przedmioty w zamian za miejsce do ukrycia, gdyby kiedykolwiek nadszedł taki czas. Mieszkała na obrzeżach miasta.

Około godziny 3 nad ranem pobiegły do jej domu i zapukały do drzwi. Była dobrą kobietą o wielkim sercu. Wiedziała, co dzieje się z Żydami i rozpaczała nad ich losem.

Janina Zawadzka.

Moja babcia powiedziała: „Ona tak nam współczuła i płakała nad tym, co robiono Żydom. Była jedną z nielicznych Polek, które miały serce dla Żydów." Bubi często opisywała Niemców jako tych, którzy chcieli zranić Żydów, ale Polaków i Ukraińców określała, mówiąc: „Oni chętnie dosypywaliby sól na rany." Jednak Janina pozwoliła im wejść i ukryć się pod kołdrą małego łóżka w pokoiku, ponieważ nie miała dla nich innej kryjówki. Jej sąsiedzi zaczęli coś podejrzewać, gdy zauważyli, że ciągle zamyka drzwi na klucz i pytali ją, czy nie ukrywa żadnych Żydów. Chociaż był styczeń i panowało przenikliwe zimno z powodu surowej zimy, Bubi i Popa przeniosły się do zewnętrznych stajni i ukryły się tam z końmi. Bubi powiedziała, że choć zapach końskiego moczu był bardzo nieprzyjemny, uważały się za szczęściary, że znalazły schronienie. Moja babcia napisała: „Muszę powiedzieć, że ta kobieta była aniołem, nazywała się Janina Zawadzka, była biedna i nie miała najlepszego zdrowia, a małą ilością jedzenia, które miała, dzileiła się z nami." Janina, która zajmowała się niemieckimi żołnierzami, karmiąc ich podczas świąt Bożego Narodzenia (czuła się źle, że musieli być z dala od swoich rodzin w tym czasie), coraz bardziej denerwowała się z powodu ukrywania Bubi i Popy w swoim domu i codziennie modliła się, aby Niemcy ich nie odkryli. Dwa miesiące później, kiedy w końcu stało się to dla niej zbyt dużym obciążeniem, wymyśliła plan, aby chłop, którego znała, zabrał Bubi i Popę do lasu swoim wozem. Babcia przekazała mi słowa Janiny, która powiedziała, że wysyła je „do lasu" jak w bajce o Jasiu i Małgosi. Było to ryzykowne, ale nie miały wyboru.

Janina dała polskiemu chłopu partyzantowi, który stacjonował w pobliżu i któremu ufała, butelkę wódki, aby przekazał ją niemieckiemu strażnikowi w zamian za to, że pozwoli Bubi i Popie przejść. Poproszono go, aby powiedział: „Hej, towarzyszu, oto butelka wódki, musisz być zmarznięty." Pomysł polegał na tym, że niemiecki strażnik weźmie wódkę i nie będzie miał czasu zapytać, kim są dziewczyny, zanim przejadą. To był znowu los, strażnik pozwolił im odjechać, a moja babcia powiedziała, że „nagle poczuły się wolne" i poza strefą niebezpieczeństwa.

Bubi i Popa owinęły się w szale, aby ukryć swoją żydowską tożsamość i utrzymać ciepło, a potem pojechali w kierunku lasu. Droga zajęła kilka godzin, wóz ciągle się trząsł i ślizgał na lodzie.

13

W LESIE

Pomimo nowo odnalezionej wolności, wojna nadal trwała, a dziewczyny nie miały radia, które informowałoby ich o tym, co się dzieje. Bubi i Popa chodziły od domu do domu, prosząc Polaków o pomoc. Bubi powiedziała mi, że powodem, dla którego Polacy tolerowali Żydów, było to, że sami mieli kłopoty z Niemcami. Znając miejsce pobytu partyzantów, nieustannie ich atakowali, a Polacy dzielnie te ataki odpierali. Było też wiele napięć między Polakami a Ukraińcami, którzy byli nieustannym zagrożeniem. Z powodu tego wszystkiego nie mieli czasu martwić się Żydami. Bubi i Popa chodziły od drzwi do drzwi, szukając pracy. Pewnego razu miały szczęście, gdy polski dziedzic zatrudnił je do robienia na drutach różnych rzeczy dla swojego małego syna. Spały na słomianej podłodze i były odpowiednio karmione „prawdziwym jedzeniem". Zostały tam, dopóki Niemcy nie przylecieli samolotami i nie zrzucili bomb na wsie, wiedząc o polskich partyzantach. Tak więc Bubi i Popa uciekły głęboko do lasu, aby się ukryć. Było też wielu chłopów, którzy także chodzili do lasu, aby ukryć swoje bydło, bo wiedzieli, że Niemcy znowu zaraz będą bombardować. Bubi i Popa spotkały grupę młodych Żydów, którzy wcześniej uciekli z gett. Wśród nich byli bracia Joseph i Mosze Lichtenstein, którzy należeli do partyzanckiego ruchu oporu.

Bracia Lichtenstein byli z rodzinnego miasta Bubbie i wszyscy się znali, ale niezbyt dobrze. Teraz jednak natychmiast uznali siebie za swoją nową „rodzinę" i trzymali się razem jako mała grupa. Dzielili wszystko i razem podróżowali na wschód, próbując uniknąć Niemców. Jeśli znaleźli ziemniaka, zjadali go we czworo. Związali się jak rodzina, bo nikt z nich nie miał nikogo innego, a wszyscy starali się pomagać sobie nawzajem, aby przetrwać. Opisując to nowe pokrewieństwo, moja babcia ani razu nie przypisała sobie zasług za dobrą decyzję. Nigdy nie używała słowa „ja" lub „mnie". Zamiast tego zawsze używała słów takich jak „my" lub „nas" — czwórka z nich była grupą, nową rodziną. Dla kogoś, kto dobrze znał sześć języków, jej wybór słów był świadomy i celowy, ponieważ była wychowywana na skromną i naprawdę ceniła swoją nową rodzinę. Od czasu do czasu szukali schronienia i jedzenia w zamian za pracę, a potem wracali do lasu. To nie trwało długo, ponieważ byli prawie na linii frontu, a artyleria i bombardowania były coraz bliżej. Po przeżyciu dwóch takich bombardowań z ofiarami śmiertelnymi, Bubi, Popa, Józef i Mosze nadal trzymali się razem, uciekając dalej w głąb lasu, desperacko próbując jak najbardziej oddalić się od linii frontu. Wiedzieli, że wkrótce będą musieli podjąć ryzyko, ponieważ nie mogli wiecznie ukrywać się w lesie. Spotkali rosyjskiego posłańca partyzantów w lesie, który powiedział im, gdzie stacjonują Rosjanie i powiedział też, że jedynym sposobem na przetrwanie jest ucieczka na rosyjską stronę. Grupa partyzancka miała karabiny i pozwalała Żydom być blisko nich. Nie chronili ich jednak aktywnie ani nie chcieli, aby tam byli, ponieważ mieli „ważniejsze misje". Bubi mówiła mi, że „dźwięk wojny pod naszymi stopami" można było usłyszeć, gdziekolwiek poszli. Chociaż nie mieli radia, nadal czerpali dokładne informacje ze wszechobecnych plotek. To, czego się dowiedzieli, było pocieszające. Rosjanie skutecznie zepchnęli Niemców na zachód i odbijali miasto za miastem. Niemcy „umierali jak muchy" z powodu surowej zimy, ponieważ nie byli dobrze wyposażeni, aby poradzić sobie z ostrym zimnem. Cierpienie i rozczarowanie łamały ducha niemieckiej armii, a ich klęska była coraz bardziej przesądzona. Za każdym razem, gdy zbliżał się samolot, Bubi i jej przyjaciele kamuflowali się i przyciskali swoje ciała do sosen. Pewnego dnia podeszwy butów mojej babci pękły na pół, co spowodowało, że igliwie sosnowe i kamyczki dostały się do buta i zraniły jej stopę. Józef zdołał znaleźć szmatkę, którą owinęła wokół krwawiącego miejsca. Gdy spotkali się z Rosjanami, zrozumieli, jak bardzo są przez nich znienawidzeni. Mówili im, że ta straszna wojna wybuchła z winy Żydów. Mieli szczęście, że spotkali innego rosyjskiego wojskowego w lesie, który był dla nich bardziej życzliwy. Powiedział Bubi i innym, gdzie stacjonują Rosjanie, co pomogło im uciec. Bubi, Popa, Józef i Mosze nadal byli na linii frontu i spodziewano się bombardowań, więc te informacje były dla nich pomocne. Dzięki nim wiedzieli, w którym kierunku podróżować w nadziei na znalezienie schronienie. Podczas ukrywania się Mosze i kilku przyjaciół postanowili ukraść po jednym koniu bez siodła. Chociaż Mosze nigdy w życiu nie jeździł konno, nauczył się tego ze swoimi przyjaciółmi. Chłopcy zostali ostatecznie złapani przez Rosjan i trawili do więzienia. Rosyjski kapitan w końcu ich uwolnił, gdy dowiedział się, że są Żydami, tak jak on. Ostrzegł chłopców, że jeśli kiedykolwiek zostaną złapani na czymś takim, zostaną powieszeni. Moja babcia napisała to po polsku:

> 1944 (in the forest)
>
> Czy to nie jest tragicznie, przy tak młodych latach, tak opuszczoną być w życiu,
> I czy nie strasznie być samą, samotną, przechodzić dnie pełne goryczy.
> Me dnie upływają jak statki po wodzie, ich sterem jest moja tęsknota,
> I upływają tak szybko odemnie, lecz cóż pozostaje - Tęsknota...
> Z tą samą tęsknotą się budzę i kładę, z grymasem tym samym na ustach,
> Z pytaniem tym samym "Gdzie wy jesteście?"
> A izba jest pełna, lecz pusta.
> A to w dodatku jest wiosna na dworze, jak wszystkie i ta, identyczna,
> Jej wietrzyk mnie codzień przebudza, lecz poco?
> Podziwiać jaka ona klasyczna.
> O wiosno, nie mogę podziwiać twych wdzięków, twój zapach świerzutki lecz ostry,
> Gdyż co mnie najmilsze, wydarte zostało,
> Kochani rodzice i siostry.
>
> MANIA LICHTENSTEIN. 1944

Józef Lichtenstein (1946)

Mosze Lichtenstein (1946)

14

WYZWOLENIE

Niemieckie samoloty latały nisko nad lasem, co pozwalało pilotom zobaczyć, co jest przed nimi na ziemi. Bubi i inni obawiali się, że wkrótce samoloty powrócą, aby zniszczyć cały obszar. Mieli pilną potrzebę ucieczki. Aby to zrobić, trzeba było przekroczyć linię frontu, na której dźwięki artylerii nigdy nie ustawały. Podzielili się na małe grupy i czasami chodzili nawet 60 kilometrów dziennie. Na podstawie informacji otrzymanych od rosyjskiego wojskowego mogli kierować się w stronę odbitych miast, oddalając się od frontu. Prawda jest taka, że sami się wyzwolili. Zajęło im kilka dni, aby dojść z lasu do wolnego od nazistów miasta, które teraz było okupowane przez Rosjan. Spodziewali się, że zostaną przywitani z podziwem, jakby „przyszli z kosmosu," jak określiła to Bubi. Zamiast tego byli zbulwersowani, odkrywając, jak okrutni i bezwzględni byli Rosjanie dla Żydów. Nie wolno im było rejestrować się w żadnym z regionów kontrolowanych przez Rosję i byli zmuszeni do ciągłej migracji z miasta do miasta. Mimo to byli wolni wśród wolnych ludzi i to poczucie wolności było namacalne. Nawet po zakończeniu wojny strach i koszmary nadal ich prześladowały. Zatrzymywali się w opuszczonych żydowskich domach i wyruszali na poszukiwanie jedzenia i wody. Czuli się wolni, ale ta wolność była splamiona, ponieważ noc po nocy słyszeli wybuchy bomb i widzieli, jak niebo rozświetla się jak jedna kula ognia. Każdej takiej nocy, słysząc bomby, szukali schronienia w piwnicy. Pewnego razu bomba spadła na budynek, w którym się zatrzymali, niszcząc górne piętra, ale nie to, na którym się spali. Zdumiewające było, że zostali pogrzebani w gruzach, ale nie odnieśli obrażeń. Krzyczeli i wołali o pomoc i w końcu zostali wykopani. Znowu przetrwali. Z powodu nieustającej nienawiści, którą długo znosili jako Żydzi, ciągle uciekali, zbyt przestraszeni, aby długo przebywać w jednym miejscu. Co gorsza, nie było żadnych pomocowych organizacji, które pomogłyby ocalałym Żydom osiedlić się po Holokauście. Tak naprawdę wszystko czego chcieli, to wrócić do domu. Bubi nie wiedziała, jak długo jeszcze będzie musiała żyć, więc słowo „jutro" nie istniało. Każdego dnia po prostu „przeżywała ten dzień". Napisała: „To niewiarygodne, ile rzeczy bierze się za pewnik: wolność, szacunek, wodę, jedzenie i sen..." Ona i jej przyjaciele podążali za rosyjską armią, która odbijała miasto za miastem. Włodzimierz Wołyński został wyzwolony 20 lipca 1944 roku. Gdy dowiedzieli się, że ich rodzinne miasto jest wreszcie wolne, wrócili tam. Babcia powiedziała mi, że nie miała nadziei na znalezienie czegoś konkretnego, ale nie mieli już dokąd iść i nie widzieli żadnego celu w życiu. Mieli nadzieję, że może znajdą jakiegoś żyjącego krewnego, ponieważ słyszeli o innych, którzy znajdowali członków rodziny. Bubi jednak wiedziała, że cała jej rodzina zginęła podczas pierwszego pogromu. Żaden z sąsiadów nie żył. Moja babcia szacowała, że z 26 000 osób, które tam mieszkały, być może przeżyło piętnaście do dwudziestu młodych ludzi.

Gdy dotarli do swojego rodzinnego miasta, zobaczyli, że żydowskie domy zostały zniszczone. Wędrując z ulicy na ulicę, doświadczali wrogich spojrzeń Polaków. Uważali ich za wymarły gatunek i rzucali obelżywe uwagi takie jak: „Jak śmiesz znowu się pojawić!" To były bolesne chwile, które pokazują, jak głęboko wojna i nienawiść mogą podzielić społeczności.

Mania i Józef 1945 r.

Mimo wszystko pozostali w swoim rodzinnym mieście, gdzie Bubi i Józef wzięli ślub 15 października 1944 roku. Na małej ceremonii obecnych było kilka osób, które przetrwały razem z nimi. Niestety, Rosjanie dowiedzieli się o uroczystości i domagali się wódki oraz panny młodej. Cały wieczór Bubi pozostawała zamknięta w pokoju. Bezwzględni Rosjanie wtargnęli do środka i zabrali jedną butelkę wódki. Mimo wszystko Bubi i Józef wzięli ślub. To były trudne czasy, ale miłość i determinacja pomogły im przetrwać.

15

MÓJ DOM

Wiele wspomnień burzy się w moim umyśle, a wiele ucieka, dopóki pewnego dnia nie pojawią się znowu. W przeciwieństwie do mojej pamięci, napisane słowa nigdy nie pozwolą wspomnieniom uciec. Ostatnio dużo myślę o naszym domu, takim, jaki był wtedy. Przypominam sobie każdy pokój, rzeczy, które były w nim, jak moja rodzina żyła i marzyła w tym domu. Jestem jedyną, która przetrwała. Trzy razy czułam, jakby wezwano mnie z powrotem do tego upiornego miejsca. Być może próbuję je ożywić, przywracając do stanu, w jakim kiedyś był. Nie pamiętam, jak wróciłam tam, gdzie stał nasz dom. Pogrom, który pochłonął życie 19 000 osób, właśnie się skończył, pozostawiając na razie tylko 7 000. Zgromadzono nas w mniejszym getcie i nie wolno było opuszczać go, więc nie potrafię przypomnieć sobie jak trafiłam do naszego dawnego domu, nie mogę tego wytłumaczyć. Weszłam do środka i zobaczyłam zniszczenie. Meble zniknęły i wszędzie były porozrzucane nieznane mi przedmioty. Smuciło mnie to tylko przez chwilę. Przecież to, co najważniejsze, zniknęło na zawsze. Przyszłam po pamiątkę, głównie zdjęcia. Wiedziałam, że powinnam znaleźć jakieś. Moja matka i siostra, Nechamka, były entuzjastkami robienia zdjęć. Na szczęście nie miały one żadnej wartości dla łupieżców. Wszystkie zdjęcia były ukryte w pudełku na puder do twarzy. Od 1939 do 1941 roku byliśmy pod rosyjską okupacją. W ich systemie nie było dozwolone prowadzenie prywatnej działalności gospodarczej. Przed likwidacją apteki mojego ojca udało nam się uratować kilka przedmiotów, takich jak ogromne pojemniki z pudrem, aromatyczne mydła i inne. Nawiasem mówiąc, te przydały się bardzo dobrze, gdy później byliśmy uwięzieni w getcie. Zaopatrzenie w żywność stawało się coraz bardziej skąpe. Polak podkradał się do drutu kolczastego i wymieniał kilka ziemniaków na kostkę mydła. Pudełka z pudrem były porozrywane, najprawdopodobniej w poszukiwaniu jakichś ukrytych skarbów, pokrywały całą podłogę naszego tak zwanego "salonu," dumy i radości mojej matki. Na kolanach, palcami, przesypywałam puder i wyszłam z wieloma zdjęciami mojej rodziny. Zostały w moich wypchanych kieszeniach, dopóki nie pękły. Nagle nastąpił kolejny pogrom. Instynktownie uciekłam do kryjówki, mając na sobie tylko sukienkę. Wtedy 6 000 osób zostało schwytanych i zamkniętych w przygotowanym grobie masowym. Pozostałe 1 000 zostało "zaopiekowanych" rok później. Znowu, jak los chciał, pozostałam wśród 1 000 i przeżyłam. To były tylko osoby z zawodami, umieszczone w jeszcze mniejszym getcie. Jakie miałam prawo tam być? Byłam przez większość czasu poza zasięgiem wzroku, ukrywając się. Rok później i ten ostatni tysiąc został wyeliminowany. Plik "Judenrein" został zamknięty. Wreszcie Polska została oczyszczona z Żydów. Podczas pobytu w getcie pragnienie ponownych odwiedzin w naszym domu nie dawało mi spokoju. Podjęłam ryzyko i poszłam. Moje oczy zobaczyły zupełnie inny obraz. Widziałam jakie to ironiczne, bo scena nie została stworzona przez naturę, ale przez ludzkie ręce. Byłam taka smutna. Dom, jak inne domy sąsiadów, zniknął. Bezpośrednio na tym miejscu, gdzie stał nasz, ktoś się bawił. Mała górka cegieł pozostałych z komina była starannie ułożona. Obok umieszczono jeden z butów mojego ojca, jedną z jego skarpet, zniszczony garnek kuchenny, a co mnie najbardziej zabolało, również jeden z pantofli mojej siostry Rywki wisiał starannie powieszony na drucianym płocie, który oddzielał park miejski i naszą własność. Tylko nasze trzy małe wiśniowe drzewa stały kwitnące, jakby ogłaszając, mimo wszystko, że życie toczy się dalej... Wróciłam do getta, "życie" toczyło się dalej, aż zaczęło się oczekiwane zakończenie. Znowu zostałam oszczędzona. Życie w ukryciu, w stajni, potem w lesie aż rosyjska armia odbiła nasze miasto. Wolność była gorzko-słodka. W 1945 roku wszystko dobiegło końca. Wśród niewielu ocalałych pojawił się mój kuzyn.

Poinformował mnie, że podczas nagłego ataku Niemców, podczas pierwszego pogromu, moja siostra Nechamka akurat była w ich domu naprzeciwko naszego. W panice ona, jego ojciec, matka, siostra i brat ukryli się w najmniej bezpiecznym miejscu, gdzie duszące gazy zaczadziły ich. Uznano, że są oni pochowani w dole niedaleko naszego domu. Zdecydowaliśmy się na ekshumację, aby dać im godny pochówek. Nie znaleźliśmy ciał. To był trzeci i ostatni raz, kiedy odwiedziłam to opuszczone miejsce. Teraz, kiedy myślę o naszym domu, staram się z nostalgią przypomnieć sobie wszystkie dobre lata, które tam spędziliśmy. Zostałam z wieloma wspomnieniami. - Mania Lichtenstein, 2 listopada 2003 roku

16

SZUKAJĄC NOWEGO DOMU

Ostatecznie opuścili swoje rodzinne miasto i przemieszczali się z miasta do miasta. Nikt nie chciał, nie potrzebował ani nie akceptował Żydów. Antysemityzm pozostawał przerażająco silny i powszechny. Nie mieli żydowskiego domu. Nic nie zostało. Bubi pamiętała, że powiedziano jej, iż II wojna światowa została zakończona 8 maja 1945 roku. To było jak spełnienie kolejnego marzenia — żyli bez wojny! Pomimo deklaracji pokoju czasy były trudne dla ocalałych, ponieważ nic nie mieli, a świat nadal tonął w chaosie. Dowiedzieli się o zorganizowanej grupie w mieście Łódź, która pomagała ocalałym odzyskać godność i pomóc w emigracji, więc udali się tam. Wielu innych ocalałych również przybywało i szukało pomocy, gdzie iść i co robić. Krok po kroku, życie stawało się trochę bardziej znośne. Mogli iść na rynek i kupować jedzenie za złote monety, które Mosze i Józef odzyskali, gdy byli w swoim rodzinnym mieście. Te złote monety były używane do zakupu jedzenia dla wszystkich — całej grupy. W tamtym czasie wszystko było robione dla wspólnoty. Z powodu wszystkiego, przez co przeszli, przyjęli bardziej koncepcję „my", a nie egoistyczną perspektywę „ja". Już nikt na nich nie polował, nie głodził ani nie więził w getcie. Ludzie z organizacji w Łodzi powiedzieli im o kimś, kto podróżował z Berlina do Palestyny. Bubi nie obchodziło szczególnie, dokąd idą, ponieważ już nie miała uczuć, marzeń ani pragnień. Naprawdę nie obchodziło jej, dokąd się przeniosą, o ile było to miejsce, które mogli bezpiecznie nazwać domem. Ich decyzja nie była oparta na miłym klimacie czy miejscu, gdzie można zarobić na życie. Zamiast tego poszli tam, gdzie ich wpuszczono. Odmówili jednak pozostania w przesiąkniętej krwią Europie, zbrukaną cierpieniem ich rodzin i przyjaciół. Nie było takiej opcji. Nie chcieli „stąpać po krwi." Nawiązali kontakt z Organizacją Narodów Zjednoczonych do Spraw Pomocy i Odbudowy (UNRRA) i usłyszeli o nielegalnej alii, co po hebrajsku oznacza „wstępowanie na górę" i metaforycznie opisuje imigrację Żydów do ziemi Izraela. Zdecydowali się płynąć do Palestyny, Izrael jeszcze nie istniał, to była ich ojczyzna. Pierwsza grupa żydowskich ocalałych z Holocaustu, w tym moja babcia i jej rodzina, chciała wyjechać do Palestyny, ale zostali odrzuceni. Następnie próbowali wyjechać na Cypr, ale ta próba również się nie powiodła. Ostatecznie byli zmuszeni wrócić do Europy Wschodniej, gdzie rzeczy powoli wracały do jako takiej normalności. Bubi, Józef i Mosze chodzili do kina, teatru i opery. Byli młodzi i mieli swoją młodość. „Jak pąk róży," powiedziała Bubi, „Najpierw jest łodyga, a potem następuje pełen rozkwit". Słońce zaczęło znowu świecić po straszliwym koszmarze, który wydawał się wieczny. Choć potem znaleźli się na niemieckiej ziemi, Niemcy nie wiedzieli, że są Żydami, chyba że im powiedzieli. Uchodźcy mówili po niemiecku, czytali książki w tym języku i byli pozostawieni samym sobie, ponieważ ludzie zakładali, że są faktycznie Niemcami. To były trudne czasy, ale mimo wszystko udało im się przetrwać i kontynuować życie.

Józef i Mosze Lichtenstein (1946)

Po wojnie Bubi i Genia Seifert ponownie spotkały się w swoim rodzinnym mieście, a potem jeszcze raz w obozie dla przesiedleńców (DP) o nazwie Eshvegen, który znajdowała się blisko Frankfurtu. W tym czasie moja babcia była w ciąży z moją matką. To zdjęcie zostało zrobione mniej więcej w tym czasie (mężczyzna i pies nieznani).

Babcia napisała tę kartkę ręcznie po polsku do Genii:

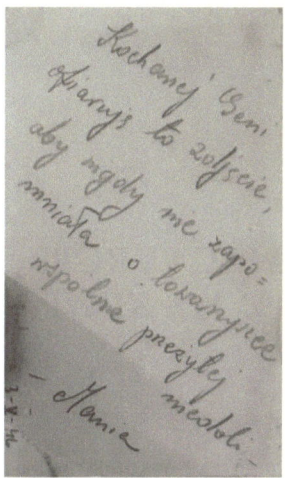

Zostali w Berlinie przez kolejne dziewięć miesięcy, a następnie udali się do obozu dla uchodźców z miejsc przesiedlonych o nazwie Kibuc Baderach wraz z wieloma innymi ocalonymi Żydami. To tutaj urodziła się moja matka, Guta.

Czwarta osoba od lewej to Józef, który patrzy na Bubi.

17

OPUSZCZAJĄC EUROPĘ BROCZĄCĄ WE KRWI

Kilku przyjaciół usłyszało o narodzinach mojej matki i przyszli zobaczyć nowonarodzone dziecko w Kibuc Baderach. Ci przyjaciele namówili Babcię i Józefa do przeprowadzki do Hamburga, mówiąc im, że tam życie jest spokojne i nikt ich nie będzie niepokoił. Ponieważ nie mieli innego miejsca, do którego mogliby się udać, i lubili tych przyjaciół, Babcia i Józef zgodzili się i przenieśli tam. W ciągu następnych kilku lat przystosowali się do życia w Hamburgu. Moja matka uczęszczała do szkoły i uczyła się niemieckiego. Jednak nie mogli pozostać tam, gdzie „gleba była przesiąknięta krwią". Chcieli osiedlić się gdzieś indziej i rozważali wiele różnych krajów, uzyskując informacje o nich w obozach dla uchodźców. Znali także ludzi, którzy imigrowali do Australii, Kanady i innych miejsc.

Matka Adeny urodzona w obozie DP 22 lipca 1946 r.

Marzenia

Jak pragnę zobaczyć mój dom,
Po drugiej stronie oceanu,
daleko, daleko stąd,
Dom, który został zrównany z ziemią ze wszystkimi, którzy w nim mieszkali,
Dom, który kiedyś był szczęśliwy i radosny.
Dom, który istnieje teraz tylko we śnie,
Które pozwalają mi wejść przez drzwi,
I przechadzać się od pokoju do pokoju, wspominając
O minionych latach sprzed dawna.
Sny, które pozwalają mi zobaczyć drogie twarze,
I słuchać ich głosów,
Udawać, że wszystko jest takie, jak było,
I nic nie jest utracone.
Tak bardzo chciałabym być znów w domu...
Tylko moje sny mogą otworzyć jego drzwi.

Mania Lichtenstein, 1995

Mama Adeny z rodzicami po wojnie

Ostatnio odkryłam następujące zdjęcie Bubi i mojej matki spacerujących po Berlinie po wojnie. Przyglądając się jemu, uderza mnie poczucie normalności, jakie wydaje się sugerować. Kiedy wiesz o wszystkim, co doprowadziło ich do Berlina, „normalność" wydaje się ledwie właściwym słowem.

Bubi i matka Adeny spacerujące po Berlinie po wojnie

18

PRZEPROWADZKA DO NOWEGO KRAJU

Przyjaciele Babci, Gołda i Misza Zeidmanowie z jednego z obozów dla uchodźców, imigrowali do Kanady. Następnie udawali krewnych Babci, Józefa i Mosze, składając gwarancję w kanadyjskim konsulacie, że będą ich wspierać i są za nich odpowiedzialni. Babcia, Józef, Mosze i Guta imigrowali statkiem do Kanady, docierając ostatecznie do Montrealu 5 sierpnia 1951 roku.

Transatlantycka podróż trwała prawie dwa tygodnie, podczas których wszyscy zachorowali, z wyjątkiem Babci, ponieważ „musiała opiekować się swoim dzieckiem."

Na statku do Montrealu. Bubi i matka Adeny po prawej

Inna rodzina, Minzbergowie, którzy wcześniej emigrowali z Europy, pozwolili czwórce z nich zamieszkać u nich przez około dwa tygodnie. Choć nie mieli nic, oszczędzali wszystko, co mogli, wiedząc, że nadejdzie jutro. Oszczędzali każdy grosz, i wkrótce wielu uchodźców, podobnie jak moja babcia, uzbierało wystarczająco, aby wynająć mieszkanie. Ostatecznie czwórka z nich zdołała zdobyć swoje własne lokum, trzypiętrową kamienicę w dzielnicy Outremont, w Montrealu.

Babcia nie pracowała poza domem. Aby być uważanym za szanowanego mężczyznę, Józef nalegał, aby Babcia pozostała w domu i wychowywała swoje pierwsze dziecko, moją matkę, Gutę.

Swoją drogą, została nazwana w ten sposób po swoich matczynych i ojcowskich matkach, i babci jej ojca, której imię wymawiało się „Oodle", chociaż później zmieniła swoje imię na Jeanie, ponieważ uważała, że Guta brzmi zbyt niemiecko.

Mosze znał kogoś, kto pracował dla hurtownika towarów. Ta osoba emigrowała z Polski przed wojną. Pomógł Moszemu zdobyć pracę jako magazynier. Józef jeszcze nie pracował. Później Mosze znalazł inną pracę i przekazał Józefowi swoje stanowisko jako magazyniera. Wielu imigrantów znajdowało pracę w ten sposób, znając kogoś, kto znał kogoś. Zatrudnienie często opierało się na kontaktach i przyjaźniach.

Rozpoczęło się normalne życie, przynajmniej tak normalne, jak to było możliwe. Jednak Babcia opisywała to inaczej, mówiąc, że „ludzie naprawdę żyli w stanie śpiączki". Nikt nie chciał rozmawiać o wojnie ani o tym, jak przeżyli. To była zamknięta księga. Wszyscy chcieli po prostu żyć dalej.

Mania, Józef i Mosze (1945)

Przez lata Mosze i Józef prowadzili kilka małych przedsiębiorstw. Byli młodzi, odważni i niezwykle inteligentni. Mosze był samoukiem, cwaniakiem z ulicy, o dobrym sercu i łagodnym charakterze. Wszyscy zamieszkali w budynku mieszkalnym przy 403 St. Joseph Boulevard West w Montrealu. Uważali swoje mieszkanie na najwyższym piętrze za luksusowe, ponieważ każdy z nich miał własną sypialnię. Znali inne rodziny mieszkające na tym samym piętrze, często się spotykali, aby spędzać czas razem i grać w karty.

W pewnym momencie jeden z innych lokatorów, Alex K. i Mosze założyli biznes z kapeluszami. Kupowali skrzynie i skrzynie kapeluszy, które przechowywali w sypialni. Moja matka opowiadała mi, że jako dziecko świetnie się bawiła, przebierając się i przymierzając wszystkie te kapelusze, zwłaszcza świąteczne.

Babcia i Józef mieli drugie dziecko około pięciu lat po przeprowadzce do Montrealu. Moja ciotka Brenda została nazwana na cześć małej siostry Józefa i Mosze, Branszile w jidysz.

To było blisko czasu, gdy Mosze otworzył swoją pierwszą restaurację. Przypominała mojej mamie rodzaj zachodniego baru. Mosze miał biuro na górze, skąd mógł spoglądać na restaurację.

Później otworzył kolejną restaurację w innej części miasta. Kiedyś zapytano go, dlaczego otworzył restaurację w trudnych czasach, a jego odpowiedź brzmiała, że „ludzie muszą jeść". Miał wspaniałą osobowość, ludzie bardzo go lubili. Uważano go za niezwykle pragmatycznego, a wielu zwracało się do niego po porady.

Montreal było prowincją katolicką i trudne okazało się uzyskanie licencji na alkohol, ale Mosze w jakiś sposób zdołał jedną uzyskać. Nazwał swoją nową restaurację Mo-Li (od Morris/Mosze i Monique Lichtenstein). Nauczył się, że pieniądze można zarobić nie na jedzeniu, ale na alkoholu. Pewnego razu Mosze powiedział mojej mamie, że krążą plotki o tym, jak on zdobył licencję na alkohol i niektórzy myśleli, że jest powiązany z mafią. Powiedział mojej mamie, że to nieprawda i więcej nigdy o tym nie mówiono. Przez lata posiadał kilka restauracji, wszystkie nazwane Mo-Li. Pierwszą kelnerką, którą Mosze zatrudnił, była Francuzka z kanadyjskim akcentem o włoskim pochodzeniu o imieniu Colette Ruth Manelli.

Gdy Brenda miała trzy i pół roku, a Jeanie (Guta) trzynaście, Józef zmarł na białaczkę po sześcioletniej chorobie. Początkowo lekarz zadzwonił do Mosze i poinformował go o diagnozie Josepha i fakcie, że nie ma na tę chorobę lekarstwa. Ani lekarz, ani Mosze nigdy nie powiedzieli tego Józefowi ani mojej babci. Dopiero dwa lata później Mosze powiedział Bubi o diagnozie Józefa.

Gdy Joseph umierał, poprosił Mosze, aby zajmował się jego żoną i córkami, co ten wiernie czynił. Mosze naprawdę wziął tę odpowiedzialność do serca i zrobił więcej niż większość ojców robi dla swoich własnych dzieci, zarówno emocjonalnie, jak i finansowo.

Bubi musiała teraz utrzymywać swoje dwie dziewczyny, więc znajoma rodziny, mieszkająca na piętrze poniżej nich, poleciła mojej babci, aby została księgową. Wróciła więc do szkoły, aby się uczyć. Podczas jej egzaminów końcowych Brenda zachorowała i moja babcia nie mogła przystąpić do egzaminów.

Mimo tego niepowodzenia została zatrudniona jako księgowa w firmie, która wcześniej zatrudniała jej męża, Józefa. Później pracowała dla innej firmy produkującej artykuły zimowe takie jak kapelusze.

W 1967 roku moja mama i tata się pobrali. Mosze przyjął rolę ojca na ślubie.

Matka Adeny i Mosze tańczący na jej ślubie

Na zakończenie przyjęcia weselnego, przy obecności tylko najbliższej rodziny, Mosze ogłosił, że planuje ożenić się z Colette. Moja mama dowiedziała się później, że zwlekał z małżeństwem, ponieważ mój ojciec pochodził z ortodoksyjnej rodziny.

Mosze obawiał się, że rodzina mojego ojca nie pozwoli mu poślubić mojej mamy, jeśli Mosze ożeni się z kimś, kto przeszedł na judaizm. Tak więc, gdy moja mama była już zamężna, Mosze ogłosił swoją intencję poślubienia Colette, co zrobił dwa miesiące później, 20 sierpnia 1967 roku, w dniu swoich urodzin.

Mimo że Mosze i Colette pragnęli mieć swoje dzieci, nigdy ich nie mieli. Większość członków rodziny sądziła, że nie byli w stanie począć potomstwa. Wychowywałam się z przekonaniem, że było to dlatego, że Mosze obiecał Józefowi, że będzie się opiekował jego rodziną, a posiadanie własnych dzieci byłoby odwróceniem uwagi od tego zobowiązania.

W 1970 roku mój ojciec i matka przeprowadzili się do Baltimore, w Maryland, aby mój ojciec mógł ukończyć roczną praktykę stomatologiczną. Tam urodziłam się w kwietniu 1971 roku, a Mosze przyleciał do Maryland na jeden dzień, żeby mnie zobaczyć. Bubi i Brenda także przyjechały i zostały na noc.

Pamiętam też jako ciekawostkę, że słyszałam jak Mosze spotkał człowieka, który znał jego rodzinę sprzed wojny. Zapytał go, czy wie, co stało się z jego rodzicami i młodszą siostrą. Mężczyzna powiedział mu, że widział nazistę z bronią prowadzącego ich ulicą i że widział, jak zostali zastrzeleni.

Mam wspaniałe wspomnienia z wizyt u wujka Mosze w Montrealu. W jego domu w Laval miał bar na dole w piwnicy. Pamiętam, że sadzał nas, moje siostry i mnie, na stołkach barowych i zachowywał się jak nasz barman, pytając, jaki „napój" chcemy.

Oferował nam „szampana", co wydawało się nam bardzo ekstrawaganckie i nalewał jasną substancję do wysokich kieliszków na szampana. Oczywiście to uwielbialiśmy! Jakie dziecko nie byłoby szczęśliwe, skoro to był pyszny napój imbirowy, chociaż my myślałyśmy inaczej?

W latach 80. moi rodzice odebrali wczesny poranny telefon od Mosze, który przekazał im wiadomość, że został wybrany do udziału w telewizyjnym teleturnieju „The Price is Right." Okazało się, że on i Colette byli w drodze na Hawaje i mieli przesiadkę w Los Angeles. Colette uwielbiała ten teleturniej i posłała po wejściówki. Podczas oczekiwania na wejście, według relacji Mosze, producenci przechadzali się pośród uczestników, aby wybrać kogoś do udziału w programie. Zapytali mojego wujka o imię. Powiedział: „Słuchajcie, możecie mnie nazywać Mosze, możecie mnie nazywać Morris, możecie mnie nazywać Monique, po prostu mnie zawołajcie!"

Tak więc wybrali go i został wybrany do gry w grę golfową. Chociaż nigdy w życiu nie trzymał w ręku kija, zamachnął się, trafił piłką do dołka i wygrał Porsche. W końcu znalazł się nawet w „Showcase Showdown" na końcu programu. Nie wygrał „Showdown", ale odjechał nowym Porsche! Jak wcześniej wspomniałam, był osobą, z którą ludzie chcieli się bawić.

W pewnym momencie podczas liceum zdałam sobie sprawę, że Mosze nie jest moim wujkiem, ale właściwie moim pradziadkiem. Wydało mi się to dziwne ze względu na jego głębokie zaangażowanie w moje życie. Nie sądziłam, że pradziadek tak bardzo by się starał. Na moim ślubie przeszedł alejką z moją babcią tak, jak zrobiłby to mój dziadek.

Bubi i Mosze na ślubie Adeny w 2002 r.

19
MÓJ DZIWNY DZIEŃ ŚLUBU

Bubi i Adena w 2002 r.

Babcia napisała piękną opowieść przed moim ślubem: *13 stycznia 2002 roku brałam udział w przyjęciu ślubnym mojej wnuczki Adeny. Nigdy wcześniej nie uczestniczyłam w takim wydarzeniu. Było pięknie i zabawnie. To, co mnie najbardziej uderzyło, obserwując uczestników, to swobodna i beztroska atmosfera, jaką tworzyli. Wybuchy ciągłego spontanicznego śmiechu wypełniały pokój. To było cudowne. Zaczęłam się zastanawiać jak bardzo różni się to od naszego pokolenia.*

Cicho modliłam się, aby nigdy nie doświadczali trudnych chwil i potrafili docenić to, co mają teraz. Gdy bawili się w gry związane ze związkiem małżeńskim, myśli moje wróciły do mojego własnego dziwnego „wielkiego wydarzenia". Mogę nazwać je dziwnym, ale trudno nazwać je wielkim.

Kiedy wszyscy odeszli, została tylko rodzina. Usiedliśmy przy stole w kuchni, zajadając się deserem. Moja głowa była jeszcze pełna wspomnień i chciałam się nimi podzielić. Ale czas nie był odpowiedni; zbyt wiele radości i rozkoszny rozgardiasz. Jak zawsze, gdy nie mogę rozmawiać, wracam do pisania. Dzięki mojej cudownej maszynie wciąż mogę to robić. Oto moja opowieść, którą tak desperacko chciałam opowiedzieć.

Data naszego ślubu to 15 października 1944 roku. Wojna jeszcze się nie skończyła, ale armia rosyjska, wreszcie przechodząc do ofensywy, odzyskała nasze miasto z rąk Niemców, miasteczko zostało ono wyzwolone. Wychodziliśmy z kryjówek, w których się ukrywaliśmy, pojawiło się kilku ocalałych. Wolność istnienia — niewiarygodne cudowne wydarzenie.

Ocalało niewielu, głównie młodych. Nie posiadaliśmy absolutnie nic, nawet zdjęć rodzinnych czy dokumentów. Nie było problemu ze znalezieniem miejsca do życia. Było tysiące pustych domów, których właściciele, wiedzieliśmy, nigdy nie wrócą. Wszystko, co było w tych domach, zostało dawno temu skradzione. Był dach i cztery ściany i to wystarczało. Cokolwiek było lepsze niż to, co mieliśmy przez ostatnie kilka lat. Najważniejsze było to, że już na nas nie polowano, byliśmy wolni i żywi.

Mój przyszły mąż, znacznie bardziej zręczny ode mnie, zdołał dostarczyć mi i innym niezbędne rzeczy. Nie było potrzeby organizować oświadczyn, a „życie w grzechu" nie było popularne, więc ustalono datę ślubu. Lista gości liczyła sześć osób: Młoda Para, Wujek Mosze, moja przyjaciółka Sue i starsza para, której wcześniej nie znaliśmy. Nawet gdybyśmy chcieli, nie znaleźlibyśmy więcej gości. Nie wszyscy, którzy przeżyli, wrócili od razu.

Teraz będąc przyszłą panną młodą, musiałam mieć ładną „nową" suknię. Moja garderoba składała się tylko z tego, co miałam na sobie. Życie wciąż dopiero budziło się ze snu. Nic nie można było kupić ani zdobyć, dopóki nasz rynek nie stał się ważnym centrum handlowym.

Po długiej wojnie, gdy potrzebne były rzeczy lub pieniądze, to było miejsce, do którego można było pójść. Sprzedawane były stare ubrania i inne rzeczy. Ludzie mogli kupować rzeczy, które rolnicy dostarczali w dużych ilościach. Były owoce, jajka i produkty mleczne. Prawie zapomnieliśmy, że istnieją.

Poszłam na rynek, aby kupić moją ślubną suknię z drugiej ręki. Miałam szczęście. Znalazłam suknię granatową z małymi białymi kwiatkami filcowymi naszytymi wokół szyi. Pasowała bardziej lub mniej. Miałam już dwie pary brązowych butów i mogłam dać jedną parę mojej przyjaciółce Sue, która ich nie miała, więc ona też wyglądała wystarczająco godnie na ślub. Wszystko szło dobrze aż zostaliśmy zapytani przez to zamężne małżeństwo z naszej listy gości, „kto was prowadzi?" Nie istnieli rodzice, wujkowie ani ciotki. Wszyscy zostali zabici. Nie było wyboru, musieliśmy pozwolić temu małżeństwu, aby wypełnili ten honor. To było ich drugie małżeństwo, co było sprzeczne z prawem żydowskim. Życie było wtedy postawione do góry nogami i trzeba było złamać zasady. Kobieta wiedziała jak to zrobić i upiekła nam biszkopt. Dostarczono butelkę wódki i menu było kompletne. Pozostała jeszcze jedna sprawa: znalezienie kogoś odpowiedniego, kto udzieli nam błogosławieństwa „chupa-kedoszim". Nasz rabin został zabity, jak wszyscy pozostali.

Mężczyzna nam nieznany, z długą, rudą brodą, zapewnił nas, że on jest właściwą osobą do pełnienia roli rabina i zaślubienia nas. Alleluja! Byliśmy małżeństwem. Nadszedł czas, aby usiąść, zjeść kawałek biszkopta i wypić likier na zdrowie (L'Chaim). Nie poszło to zgodnie z naszymi planami. W mieście stacjonowała rezerwa rosyjskich żołnierzy. Nie mieliśmy pojęcia jak się dowiedzieli o naszym przyjęciu.

Już na wpół pijani wtargnęli przez drzwi i dokończyli wódkę w pijackim amoku. Domagali się, abyśmy im powiedzieli kim jest panna młoda. Jak mogliby rozpoznać, kto w granatowej sukni jest panną młodą?

Mój mąż szybko zabrał mnie do innego pokoju. Zamknięta w pomieszczeniu w dniu mojego ślubu... Bardzo się bałam, bo nie przestawali walić w drzwi, nawołując mnie, abym wyszła. Wreszcie, pijani do upadłego, ostatecznie odeszli, a ja zostałam ponownie wyzwolona. Tragiczno-komiczny spektakl ślubny dobiegł końca.

Byłam zamężna tylko szesnaście lat, zanim zakończyło się to tragicznie. Ale najwspanialsze było pojawienie się dwóch ukochanych córek, następnie pięciu niezwykle wyjątkowych wnuczek, które są moją dumą i radością. Niech znają tylko szczęście. Z niecierpliwością oczekuję na ich śluby, które naturalnie będą wyglądały znacznie inaczej niż mój.

Mania Lichtenstein, 16 stycznia 2002 roku

Bubi często wydawała mi się rozdarta między dwiema rzeczywistościami — swoją własną przeszłością a teraźniejszością swojej rodziny, szczególnie moją, być może dlatego, że byłam jej najstarszą wnuczką. Wiem, jak szczęśliwa była, będąc na moim ślubie, ale z jej zapisków wynika, że ciągnęło ją do wspomnień z nieoczekiwanego przeżycia własnego ślubu. Miała odwagę być obecna dla mnie i uczestniczyć w radosnej celebracji, a jednocześnie wciąż borykała się z przebłyskami przeszłości. To naprawdę świadectwo jej siły i wdzięczności.

Byłam pierwszą z jej wnuczek, która zachodziła w ciążę, i pewnie potrafisz sobie wyobrazić zaskoczenie i radość, gdy usłyszała, że spodziewam się bliźniaków. To, połączone z faktem, że byłam w ciąży z chłopcem, pierwszym od trzech pokoleń, było dla niej bardzo ekscytujące. Napisała to dla nas:

Niech to drzewo zawsze będzie zdrowe i silne
Dla Adeny i Brada, Sarah i Zacharego.
Dwa „drzewa genealogiczne" o dwóch różnych nazwiskach,
Wzrastały daleko od siebie.
Nigdy nie śniły o złączeniu swoich gałęzi,
Co mogłoby sprawić, żeby serca ich mocniej biły.
Traktowane z miłością i wielką troską.
Tak, jak drzewa zdają się rozkwitać i rozwijać,
Na ich gałęziach — nic dziwnego — pojawiły się dwie kwiatuszki,
Zwiastujące, że wielkie szczęście nadchodzi.
A teraz te kwiatuszki są gałęziami,
Łączą się z tym fantastycznym drzewem,
Aby dodać mu więcej dumy i radości,
I nieopisanego wesołego uniesienia.

Mania Lichtenstein, 19 stycznia 2004 roku

20

SPRAWIEDLIWI WŚRÓD NARODÓW ŚWIATA

Gdy lokalne organizacje proszą mnie o wygłaszanie przemówień na temat historii mojej babci, często pytają o Popę. Niestety, zbyt wiele o niej nie wiem. Pewne jest jedynie, że ona i moja babcia uciekły z ostatniego getta do domu Janiny Zawadzkiej. Stamtąd udały się do lasu, gdzie ostatecznie zostały uwolnione. Kiedy moja babcia przeprowadziła się do Montrealu, Popa przeniosła się do Nowego Jorku. Miała dwie córki, już nie żyje.

Od czasu podjęcia wysiłku napisania tej książki, zdecydowałam się także zgłosić Janinę Zawadzką jako Sprawiedliwą wśród Narodów Świata. Jest to lista używana przez państwo Izrael do uhonorowania nie-Żydów, którzy narażali swoje życie podczas Holokaustu, ratując Żydów przed nazistowską eksterminacją.

W ciągu kilku miesięcy uzupełniłam i złożyłam zgłoszenie Janiny Zawadzkiej jako obrończyni bezbronnych i opiekunki osób w beznadziejnym położeniu. Ryzykowała życiem, aby pomóc Bubi i Popie. W lipcu 2019 roku otrzymałam odpowiedź od Yad Vashem, wskazującą, że jednym z głównych obowiązków Yad Vashem jest przekazywanie wdzięczności narodu żydowskiego dla tych nie-Żydów, którzy ryzykowali życiem, aby ratować Żydów podczas Holokaustu. Komisja, która nadaje tytuł Sprawiedliwego, jest kierowana przez sędziego Sądu Najwyższego i działa zgodnie z klarownym zestawem kryteriów i regulacji. Każdy przypadek jest starannie badany i musi być poparty dowodami potwierdzającymi wysiłki ratunkowe i okoliczności. Jednym z podstawowych wymagań jest posiadanie świadectw od ocalałych lub osób, które otrzymały pomoc, opisujących okoliczności ratunku i charakter udzielonego wsparcia. Komisja przechodzi następnie do zbadania czy pomoc mieści się w kryteriach przyznania tytułu. Poprosili mnie o cierpliwość, ponieważ proces może potrwać wiele miesięcy.

Dodatkowo, moje rozmowy z Genią Seifert, kobietą, która mieszkała w getcie razem z moją babcią, doprowadziło do kolejnej nominacji polskiej kobiety, która ją uratowała — Marii Domovsky. Również ona została zgłoszona do wpisania na listę Sprawiedliwych wśród Narodów Świata.

Moja babcia powiedziała, że ta wojna nie jest łatwa do zapomnienia. Ocaleni przechodzą przez życie, udając normalnych ludzi, ale, niestety, nimi nie są.

Napisała: „Jak można zapomnieć o tym całym okrucieństwie?" Jej przyjaciółka, również ocalała, powiedziała mojej babci: „Czy zdajesz sobie sprawę, że nie potrafimy się śmiać?" Moja babcia potwierdziła, że to prawda. Kontynuowała, że oprócz bólu związanego z utratą wszystkiego, istnieje również ogromne poczucie wstydu. Powiedziała: „To jedno, żeby zginąć na wojnie, ale co innego, żeby być zarzynanym jak owce. Ego człowieka cierpi." Takie było myślenie wschodnioeuropejskich Żydów, zawsze bojących się, zawsze będących ofiarami.

Więc jak moja Bubi przeżyła? Czuła, że przeżyła z powodu losu. Kiedyś napisała: „Jestem przepełniona tym samym, zawsze dokuczliwym pytaniem *dlaczego mnie oszczędzono?* Za każdym razem, gdy znalazłam się w sytuacji życia lub śmierci, niewidzialna ręka wyciągała mnie z niebezpieczeństwa. Moje myśli lub działania nie miały absolutnie nic z tym wspólnego; los mnie prowadził."

Napisała także: „Widać wyraźnie, że los sprawił, że unikałam wszystkich tych katastrofalnych sytuacji. Ja i inni ocaleni mieliśmy przetrwać, aby przypominać światu o popełnionych okropnościach i także mówić światu, że kiedyś w Europie istniało bogate żydowskie życie i kultura, które z powodu szaleństwa jednego człowieka zostały zgładzone."

Poznając jednak jej historię i czytając zapiski, dostrzegam, że nie było to tylko czyste szczęście czy cuda. Moja Bubi wykazywała się zaradnością i potrafiła znaleźć wyjście z okropnych sytuacji. Choć przyznała, że była najbardziej naiwna i najmłodsza w rodzinie, miała wystarczająco dużo sprytu, by myśleć, do kogo się zwrócić, jakie zasoby wykorzystać i jakie strategie zastosować.

To był desperacki czas, który wymagał desperackich środków, i chociaż szczęście i los mogły być po jej stronie, podejmowała również rozważne i dobre decyzje, które okazały się ogromnie korzystne. Powiedziała: „W moim nieszczęściu miałam ogromne szczęście."

Te doświadczenia wpłynęły na jej dzieci i w rezultacie nigdy nie czuły się tak samo jak inni. Zauważyły szybko brak kuzynów, ciotek i wujków, a moja babcia nie miała łatwego wytłumaczenia, dlaczego ci krewni nie istnieją.

Bubi powiedziała mi, że to, przez co przeszła i doświadczyła, sprawiło, że docenia wszystko, co ma, nawet te drobne rzeczy. Jej rada dla przyszłych pokoleń to cenić rodzinę, żyć w harmonii i szanować siebie nawzajem. Nieistotne jest czy posiadasz o jedną suknię mniej czy więcej. Ważny jest natomiast dach nad głową i możliwość jedzenia. Doceniaj to, co masz.

W większości mojej zawodowej kariery zajmowałam się ściganiem przestępstw, pracując dla rządu w jednym z największych biur prokuratury w kraju. Chociaż pracowałam w wielu działach mojego biura, najczęściej zajmowałam się przestępstwami, które szczególnie krzywdziły ofiary. Znalazłam cytat Elie Wiesela, który jest bardzo trafny nie tylko w kontekście mojej pracy jako prokuratora. Skoncentrowałam się na nim podczas lekcji o Holokauście w klasie siódmej szkółki niedzielnej przy świątyni Solel w Paradise Valley, w Arizonie. Zawsze musimy być obrońcami, a nie biernymi obserwatorami. Rozumiem to w ten sposób, że musimy przeciwstawiać się niesprawiedliwości i używać naszych głosów. Musimy bronić bezbronnych i być obrońcami tych, którzy stracili nadzieję.

> We must always take sides.
> Neutrality helps the oppressor,
> never the victim.
> Silence encourages the tormentor,
> never the tormented.
> - Elie Wiesel

Zawsze trzeba brać jakąś stronę, neutralność pomaga oprawcy – nigdy ofierze. Cisza zachęca oprawcę, nigdy zaś ofiarę. Elie Wiesel

Równie ważnym dla mnie obowiązkiem jest kontynuacja tradycji moich przodków. Wszystkie moje dzieci zostały nazwane imionami osób, które odeszły od nas. Podczas ceremonii nadania imienia oraz ponownie podczas ich Bar i Bat Micwy, rozmawialiśmy o tych osobach i wpływie, jaki mieli na mnie i ich ojca. Na każdej z tych uroczystości Bar i Bat Micwy modliliśmy się też za długie życie naszych dzieci wypełnione pokojem, zdrowiem, dużą ilością śmiechu, radości i celem, w otoczeniu rodziny, przyjaciół i społeczności. Rozmawialiśmy również o obietnicy jaką niosą dzieci — obietnicy wypełnionej wartościami i tradycjami wszystkich tych, którzy przyszli przed nami, których cenimy i szanujemy, takimi jak zapalanie świeczek co każdy piątek wieczór, aby powitać Szabat. Moją nadzieją jako matki są wartości i tradycje dziadków moich dzieci oraz ich rodziców i rodziców przed nimi, będą one prowadziły moje dzieci w ich życiu; wartości rodziny, społeczności, życia z ustalonym celem i godnością, wykonywania dobrych uczynków (micwot). Tak jak czyn matki mojej babki, która podarowała jej ogórka, mając nadzieję, że może utrzymać ją przy życiu przez kilka kolejnych dni, przekazujemy naszą miłość, wspierając się nawzajem i dzieląc się rodzinnymi historiami.

Zapoznanie się z detalami historii przetrwania mojej babci podczas Holocaustu nie było łatwe. Wywołało wiele emocji — straty, strachu, przerażenia, tragedii i wielu innych. Bubi powiedziała mi, że opowiadanie historii życia zdecydowanie nie sprawiało jej przyjemności, ale czuła, że to obowiązek, i ja także czuję, że to mój obowiązek.

21

WIĘCEJ ZAPISKÓW MANII

Refleksje pośród Ciemnych Dni

Przed moimi oczami leży ta kartka papieru, w ręku długopis, urządzenie wspomagające wzrok jest włączone i jestem gotowa przelać na papier swoje uczucia. Jednak zatrzymuję się i zastanawiam czy powinnam? Tak wiele razy w przeszłości pytano mnie, zazwyczaj z krytyką, „Dlaczego piszesz, dlaczego żyjesz w przeszłości?" Poniższy przykład może odpowiedzieć na takie pytanie.

Tak jak podniesiona tama uwolniłaby strumienie rwącej wody, tak i moje myśli, po latach stłumionych wspomnień, wypuszczają wiele niezapomnianych myśli. Tak! Będę kontynuować pisanie, tak długo, jak to możliwe. To, co skłoniło mnie do napisania tym razem, to dwa zdarzenia, które do dzisiaj sprawiają, że łzy napływają mi do oczu, gdy o nich myślę.

Jedno związane jest z moją babcią, a drugie ze szlachetnym starszym panem. Po ponad roku za drutami kolczastymi, osiągnęliśmy w naszym getcie granicę wytrzymałości i zapasów żywności. Nie było nowych źródeł. Wszyscy odczuwaliśmy głód. Przez ostatnie trzy dni przed rozpoczęciem eksterminacji miała miejsce selekcja setek młodych kobiet. Ja i inni mieliśmy zbierać plony na polach. Praca nam zupełnie obca, nauczyliśmy się szybko, dzięki szybkiemu biczowi niemieckiego nadzorcy. Trzeciego dnia, przed wyjściem do pracy, moja kochana babcia podała mi malutki, kwaśny ogórek, który ktoś jej dał. Wiedziała, że nie ma nic innego, co mogłabym zabrać ze sobą. Nalegała, żebym go wzięła. Bardzo mnie to poruszyło, bo zdałam sobie sprawę, że i ona jest głodna. Można by powiedzieć „Co za banał — ogórek!" malutki, mikroskopijny ogórek, który smakuje tak dobrze, gdy nic innego nie jest dostępne. Dla mnie ten bezinteresowny gest był symbolem jej miłości do mnie. Pamiętam to z czułością. Nigdy nie miała już jej zobaczyć, ani żadnego członka mojej rodziny. Nasza apokalipsa rozpoczęła się. Po zakończeniu trzeciego dnia pracy zostaliśmy przewiezieni do jednego z dwóch istniejących gett. To nie było to, w którym mieszkała moja rodzina. Zakaz powrotu do naszego getta zmusił mnie do znalezienia schronienia na noc u teściów mojej siostry. Następnego dnia o 6 rano rozpoczął się pierwszy pogrom, który trwał piętnaście dni. Zaskoczeni nagłym atakiem, wszyscy w tym budynku uciekli, aby schronić się na strychu. Czuliśmy się jakbyśmy byli smażeni pod niezwykle gorącym blaszanym dachem. Nie mieliśmy jedzenia ani wody. Przez pierwsze kilka dni przeżywaliśmy, gryząc surowe ziemniaki. W późniejszych dniach jedzenie nawet nie było pożądane. Dziś trudno mi w to uwierzyć, ale to prawda. Brak wody stał się naszym głównym problemem. Przetrwanie bez niej było nie do pomyślenia. Nie wiedząc, jak długo jeszcze może trwać to polowanie na ludzi, byliśmy już wychudzeni do połowy pierwotnej wagi. Zaczęliśmy zastanawiać się jak koniec naszego życia mógłby być łatwiejszy. To był ósmy dzień pogromu, straszliwe dźwięki z zewnątrz trochę ucichły. Pożądana liczba 19 000 Żydów została niemal osiągnięta. Stało się znacznie ciszej niż wcześniej. Wspomnienie misy z deszczówką na jednym z balkonów było zbyt kuszące, by je zignorować. Ktoś podjął ryzyko, aby wyjść i ją zdobyć. Bezpieczny powrót z tą misą deszczówki nigdy nie został zapomniany.

Wszyscy mieliśmy okazję skosztować ratującego życie delikatesu. Kiedy teść mojej siostry miał napić się kilku łyków, odmówił i ledwo słyszalnym głosem szeptał: „Niech dzieci to mają", mianowicie ja i jedna z jego bratanic. Nalegał i wypiliśmy jego porcję. Żałuję, że tak się stało, bo te kilka łyków wody mogło uratować życie temu upartemu człowiekowi.

Nie mieliśmy już wody do picia aż do piętnastego dnia naszej próby. 19 000 Żydów zostało schwytanych, zastrzelonych i pochowanych we wcześniej wykopanych masowych grobach. Dwa miesiące później kolejne sześć tysięcy podążyło ich śladem. Wszyscy Żydzi z naszego miasta byli martwi, oprócz tysiąca osób. Przez rok dostarczaliśmy Niemcom wszelkie potrzebne im dobra. Po roku nadeszło nieuchronne.

Po pierwszym piętnastodniowym pogromie nasza grupa wyszła z ukrycia. Jak szkielety, ale żywe. Chociaż na razie zdumieni trzymaliśmy się razem. Nie tak było w przypadku teścia mojej siostry. Wyszedł na zewnątrz, ale dzień później cicho poddał się. Jego śmierć była spowodowana odwodnieniem. Poświęcił swoje kilka łyków wody, abyśmy my, dzieci, miały lepszą szansę na przetrwanie. Zawsze będę pielęgnować pamięć o tym szlachetnym, delikatnym człowieku.

Dla mnie i takich jak ja trudno jest wymazać wspomnienia tamtych ciemnych, trudnych do wyobrażenia przeżyć. - Mania Lichtenstein, 26 października 2002 r.

Wspomnienia, które nie chcą odejść W głębi nocy nie przychodzi sen, Boli mnie głowa, mocno bije serce. Widzę, słyszę, czuję ich ból, Wtedy, gdy świat wydawał się wyraźnie szalony. W 1942 roku, spośród czystego jesiennego nieba, Bóg spoglądał na nas, nie mrugając okiem. Złapani jak bezpańskie psy, załadowani na ciężarówki, Matki, ojcowie, małe niemowlęta i przerażone malutkie dzieci. Chcąc wiedzieć, jaki był ich wielki występek, Dobrze wiedzieli, dokąd prowadzi droga: Do miejsca zwanej PIATYDNIE, wiedzieli to doskonale. Miejsce, gdzie masowe groby stały puste i duże, Zaledwie kilka tygodni wcześniej Żydzi zostali zobowiązani do ich wykopania. Matki patrzące na dzieci przepraszającymi oczami, „Przepraszam, moje małe" wydawały się przelatywać przez ich wzdychania. Jednokierunkowa podróż szybko dobiegła końca, Stając przed bestialsko stworzonymi kraterami, Dobrze wiedząc, co oznaczają. „Pośpiesz się", ryknęli, „Wskakujcie, świnie,"muszą wypełnić te wykopy dziewiętnastoma tysiącami tym razem. Szczęśliwi byli ci, których szybko trafili i byli martwi, Inni powoli tonęli w tej krwawej wiecznej sypialni. Misja zakończona — POGROM #1 — WIELKI SUKCES! A za dwa miesiące nastąpi pogrom #2, Sześć tysięcy *tylko, zadanie łatwe następnym razem, Z doskonałym planowaniem, nastąpi w odpowiednim czasie. Te same ciężarówki, ta sama trasa, dobrze znane miejsce docelowe, Do myśli o śmierci przyzwyczaili się. Ich los był przesądzony, żadnych zmian POGROM #2 — KOLEJNY SUKCES Pozostało tysiąc, ale tylko na rok. Aby produkować dla Niemców ich bardzo potrzebny sprzęt. Po roku i jednym miesiącu, aby być precyzyjnym, Los tysiąca nie był zaskoczeniem. Jedno miasto osiągnęło „doskonałość" z JUDENREIN Nazistowska duma była autentyczna. A to miało miejsce w moim rodzinnym mieście WŁODZIMIERZ. Z polskich miast, jak moje, na przykład, Żydzi zostali wymazani i na zawsze zniknęli. Było mi trudno napisać ten tekst. Ale czułam, że złożyłam na ich grobach wieniec... Łatwy sen nigdy nie przyjdzie, Bo nie mogę zapomnieć i przezwyciężyć...*

Życie
Lata mijają tak powoli,
A jednak pędzą tak szybko,
Dzień wydaje się trwać wiecznie,
Ale nie trwa.
Każdy moment ma początek,
Który kształtuje nasz dzień lub umysł,
Chociaż początek, tak jak go znamy,
Musiał zawsze mieć swój koniec.
Śmiech, błogość i szczęście,
jak pięknie brzmią te słowa,
Ale bez łez i cierpienia,
Docenienie nigdy nie zostanie znalezione.
Dobre i złe, szczęśliwe i smutne,
Wszystko jest połączone jako jedno,
W podróży życia, która zaczyna się pewnego dnia
Aż czas się skończy — pewnego dnia
I znowu rozpoczyna się nowe życie,
W tym wiecznym cyklu ŻYCIA.
Mania Lichtenstein, 1997

1942 — Powrót do przeszłości Wspomnienia

Dlaczego muszą ciągle wracać? Czasem zapominam, co robiłam wczoraj, a sprawy sprzed lat ciągle migają przede mną. Gdyby tylko można było je zmyć łzami, które powodują! Faktem jest, że ciągle wracają, wypełniając moje serce zbyt wielkim smutkiem. Zachowuję te myśli dla siebie. Dlaczego miałabym zasmucać, a może nudzić innych czymś, co nawet ich nie dotyczy? Wchodzisz tutaj, moje drogie pióro i długopis... Jestem wdzięczna za specjalnie zaprojektowany papier i „Alladyna", które sprawiają, że mogę pisać. Słuchasz, gdy otwieram serce; to trochę pomaga. Dziś miałam powrót do roku 1942. Lata, które nastąpiły, w żaden sposób nie były łatwiejsze. Pozbawiona uczuć, jakbym była w stanie śpiączki, wszystko, czego pragnęłam, to, żeby ten koszmar się skończył. Niech się dzieje, co chce! Dziś moje myśli wracają do 1 września 1942 roku. Pierwszego rozdziału niesławnej eksterminacji naszego getta. O godzinie 6 rano, gdy rozległy się pierwsze strzały, znalazłam się osobno od mojej rodziny. Złapana znienacka, w panice, podążyłam za kilkoma osobami na strych, gdzie spędziliśmy piętnaście dni, cały czas trwania pierwszego pogromu! Ponieważ to wydarzyło się w mgnieniu oka, żadne jedzenie ani picie nie zostało zabrane. W pozycji kucznej, starając się jak najbardziej oddalić od skrajnie gorącego blaszanego dachu, nieruchomo czekaliśmy, ledwo wymawiając słowa. Była to intensywna obława. Stąpające buty nazistów na dachu, gdy szukali swojej „drogocennej zdobyczy," wstrząsały naszymi nerwami. Ani na chwilę nikt nie myślał ani nie pragnął jedzenia. Woda... to było coś innego! Można tylko wyobrazić sobie, co brak wody może zrobić z człowiekiem! Niektórzy zaczęli tracić zmysły i zaczęli się zachowywać niezrozumiale. Ósmego dnia suszy picie wody stało się koniecznością. Jeden z nas wydostał się z kryjówki, by zdobyć miseczkę deszczowej wody z jednego z balkonów, ponieważ w tym budynku nie było bieżącej wody. Ten łyk cuchnącej wody pozostał w pamięci na wiele lat. Woda, najcenniejszy klejnot życia.

W międzyczasie, patrząc przez szczeliny między deskami strychu, obserwowałam płomienie z getta, gdzie była moja rodzina. Nie miało sensu oszukiwać samejs siebie. Nie było trudno zgadnąć ich los. Dołączyli już do 19 000 przeznaczonych na zagładę w tamtym pogromie. Przygotowane masowe groby połykały już ciała niewinnych mężczyzn, kobiet i maluchów. Ubrania, które musieli zdjąć przed zamordowaniem, miały z pewnością większą wartość dla nazistów niż życie Żydów.

Do likwidacji 26 000 Żydów mieszkających w moim rodzinnym mieście potrzebne były jeszcze dwa pogromy. „Judenrein," wolne od Żydów, to był ich „szlachetny cel". Ludzie czasami mówią, abym nie wracała do przeszłości. Łatwo powiedzieć, ale ja nie potrafię, choć próbuję. Te dawne migawki będą trwały wiecznie!

Mania Lichtenstein, 23 sierpnia 1998

Aby zobaczyć
Dostrzeżenie czegoś sprawia, że czujesz,
że świat jest twój,
Twój do podziwiania jego wspaniałości i piękna,
Niebo błękitne ze słońcem świecącym przez nie,
Czy ciemne niebiosa rozsiane srebrem,
Zobaczyć twarze, które znasz, swoją własną,
lub nowe, które spotkasz,
Nie tyle rozpoznawalna przyjemność,
Chyba że wzrok smutnie zniknie,
Zaczynasz lamentować nad utraconym skarbem,
Świat, który kiedyś był twój,
powoli wymyka się,
Stając się odległym wspomnieniem.
Mania Lichtenstein, 31 grudnia 2002 r.
(napisane w momencie frustracji)

Zjawisko Czasu
Słońce ześlizgnęło się za horyzont,
Ogłaszając, że dzień minął.
Nie martw się.
Kolejny dzień jest w trakcie tworzenia,
By pojawić się następnego dnia,
w godzinie przebudzenia.
Czas nigdy nie zatrzymuje się,
Żadna siła nie jest w stanie tego uczynić,

Magia nie zatrzyma go na sekundę czy dwie.
Każda minuta, która przeminęła, przeminęła na zawsze,
Nigdy się nie zatrzymuje ani nie powtarza — nigdy!
Zegar.
Urządzenie ukształtowane na podobieństwo czasu,
Nieustanne tik-tak,
Tik-tak, który właśnie usłyszeliśmy,
Nie usłyszymy go już więcej,
Został połknięty przez nigdy nie spoczywający czas,
Codziennie stajemy przed zupełnie nowym początkiem,
Poruszamy się w rytm wiecznego czasu,
Cokolwiek byśmy nie robili, może się kiedyś zakończyć,
Ale czas... będzie podążał dalej...

Mania Lichtenstein, maj 2001

Nostalgiczna Przeszłość

Jestem osobą emocjonalną, każdy, kto mnie zna, się zgodzi. Gdy byłam młoda, emocje, refleksje z przeszłości musiały być tłumione. Opieka nad dziećmi, stała, wymagająca praca i niespodzianki, które życie tak często prezentuje, wystarczały, aby zapełnić moje myśli. Często pojawiały się obrazy minionych lat, wciąż bardzo wyraźne w mojej pamięci, ale szybko były odpychane na bok. Udawanie, choć przez chwilę, że przeszłość nigdy nie istniała, pomagało przetrwać. Teraz, będąc na innym etapie życia i mając dużo wolnego czasu, nie ma niczego, co mogłoby powstrzymać moje emocje i myśli przed szaleństwem. Myślę o mojej rodzinie, ludziach, których znałam w przeszłości, a którzy wszyscy zginęli, pozostawiając mnie z wieloma niewyjaśnionymi pytaniami. Odeszli i teraz jest za późno... Młodzi ludzie nie zdają sobie sprawy z błędu, jaki popełniają, nie pragnąc poznać przeszłości swoich starszych bliskich. Przecież to także ich dziedzictwo. Ich życie mogłoby być tak bogato obdarzone tą wiedzą. „Życie" brzmi jak wieczność, a jednak mija dość szybko. Gdy jest się starym i patrzy wstecz, wszystko wydaje się, jakby stało się właśnie

„wczoraj". Przeszłość jest nierozłączną częścią nas i zawsze gwarantuje dużą dawkę nostalgii. - Mania Lichtenstein, 26 grudnia 1999 roku

1997: Lata Strachu
(List w języku jidysz przetłumaczony na angielski)
Dawno minęły lata,
dawno minął czas,
Gdy byłam dzieckiem,
równym wszystkim innym dzieciom,
Z jedną matką i jednym ojcem, słychać było śmiech sióstr, Nie wierząc,
że kiedyś wszystko to zostanie zakłócone.
Przyszedł jeden ciemny obłok i zakrył niebo,
Rozkazał usunięcie narodu żydowskiego ze świata.
Strzelanie, palenie, robili z nas głupców Nie powinno pozostać żadne
wspomnienie, myślały ciemne chmury.

Śmiejąc się, gdy matka roniła krwawe łzy Oglądając,
jak krew jej dzieci była rozlewana Ona też wkrótce została zabrana z tego
świata Myśląc,
że nikt nie przetrwa tego przerażenia Kto powie światu o tym wszystkim?
Tak trudno zrozumieć,
on (świat) na pewno nie uwierzy!
W tej czarnej chmurze pojawił się punkcik światła Dlatego pozostałam
przy życiu dla innych By nie pozwolić,
aby to zostało zapomniane, opowiedzieć, przypomnieć Jak wszystko
zniknęło,
i jak wszystko opustoszało.
Po tylu latach, nie ma dnia, że mogę zapomnieć lata strachu Zapomnieć...
Niemożliwe, chociaż trochę chcę Nie pozwolimy już,
aby żydowska krew była rozpryskiwana przez uderzenia noży!

Góra, na którą się wspinamy
Od samego pierwszego dnia naszego życia
Góra tak kusząca i wyboista
Którą napędza pewien magnetyczny napęd.
Wolno wznosząc się, każdy krok to walka,
Wspinamy się, bo musimy,
na szczyt,
Zadrapani, posiniaczeni, pełni bólu lub gorzej
Zasady życia zalecają nam nie zatrzymywać się.
Tak więc idziemy dalej przez dobre i złe czasy,
Czasami ślizgamy się lub upadamy,
Jesteśmy wciąż młodzi, dużo energii pozostało
Siła natury nakazuje nam ciągle się poruszać.
A potem pewnego dnia, trochę zmęczeni,
dochodzimy do szczytu,
Zatrzymujemy się na chwilę,
by odpocząć i zastanowić,
Patrząc wstecz na ścieżkę, którą zostawiliśmy za sobą
Licząc lata spędzone na budowaniu naszego gniazda.
Zastanawiamy się, gdzie podział się ten cały czas,
Uśmiechając się do naszych osiągnięć,

Żałując rzeczy, które źle zrobiliśmy,
Nie możemy ich zmienić ani naprawić.
Za późno, co się stało, to się stało,
Nasza zjazdowa podróż czeka,
Z mniejszą motywacją i bolącymi kończynami
Zaczynamy powoli schodzić.
Zasady życiowej góry trzymają się mocno i nie uginają się,
Wyczerpani nieustannym wspinaniem się,
To, co pozostało z naszych dni,
staramy się cieszyć,
Aż nadejdzie wieczny spokój.
Mania Lichtenstein, 16 stycznia 2003 r.
Przyszłość składa się z marzeń i nadziei, przeszłość ze wspomnień i reminiscencji!

Najwspanialszy artysta
Przez wszystkie wieki artyści tworzyli
Przedmioty piękna, tak realne,
Odzwierciedlając naturę w całej jej chwale,
I twarze, które „żyją i czują."
Gdy przechodzimy przez sale,
gdzie pokazane jest ich dzieło,
Z podziwem stoimy i uwielbiamy,
Suknie z aksamitu, jedwabiu i koronki,
Elegancko dotykające podłogi.
Mężczyźni zostali stworzeni na obraz Boga,
jak mówią,
Niewątpliwie był ich mentorem,
Sprawił, że zobaczyli cuda wokół nich,
Rozsiane obfitym blaskiem.
Zrobił ich świadomych błękitnego nieba,
Które zmienia suknię na noc,
Na północno-niebieski zdobiony gwiazdami,
Do zobaczenia z bliska i daleka.

Głęboko zielone łąki usiane kwiatami,
Różowymi, czerwonymi, żółtymi czy białymi,
Powiedział im, aby patrzyli na tę tęczę barw,
Aby ujrzeć ten cudowny widok.
Nieśmiałe fiołki, które pojawiają się na skraju lasów,
Znowu i znowu w każdą wiosnę,
I aby nie zaniedbywać złota słońca,
I srebrnego blasku księżyca.
Czerń nocy i biel śniegu,
Istnieją pomimo swojego mroku,
Precyzja anatomii wszystkich istot żywych,
Być może... największe z cudów, jakie znamy!!!
Wszystko to splecione w doskonałym motywie,
Stworzone dla nas wszystkich
przez Artystę Najwyższego.
On udzielił tylko kilku umiejętności
naśladowania Cudów swojego stworzenia,
Ale tylko na płótnie z farbą i pędzlem,
Próbując ich powielenia.
Niech Biblia i Darwin spierają się, kto ma rację,
To dla mnie nieważne,
Spoglądam wokół siebie i bez wątpienia,
Widzę arcydzieło.
Mania Lichtenstein, 1998
(Kiedy prognoza choroby moich oczu brzmiała źle, wyszłam na taras i ujrzałam piękno, którego wcześniej prawie nie zauważyłam.)

List w jidysz

1997: Złote Lata

(List w jidysz przetłumaczony na polski)

Chciałbyś wiedzieć, jak się mam?
U mnie nie ma zbyt wielu nowości
Trochę boli, ale mam nadzieję i pragnienie
Ale jak na mój wiek, jest dobrze.
Co z tego, że mam słabą krew
Boli mnie ciało i słabo słyszę
Jestem słaba i powolna,
i źle widzę
Ale ogólnie rzecz biorąc,
jestem w porządku.
Mam artretyzm w obu nogach
Niech tylko nie pogorszy się bardziej niż jest!
Dlaczego miałabym płakać,
przecież nie jestem jedyna.
Nikt nie chce słuchać o moich kłopotach.
Budzę się rano, wkładam zęby, biorę laskę do ręki,
bo bolą mnie kości,
wkładam okulary i czytam nekrologi,
przeglądam szybko nazwiska
Mojego imienia tam nie ma,
nie jest napisane,
To oznacza, że jeszcze żyję.
Zacznie się nowy dzień
Oj wej, ostatni dzień minął
Dziękuję Bogu, bo mogło być gorzej
Co się stało, to się stało,
to już przeszło
Więc wypijmy jedną szklankę wina
— l'chaim za złote lata i nowy dobry rok!

Mania Lichtenstein

POSTSCRIPTUM

Nie jest zaskoczeniem, że moja babcia uważała za trudne i głęboko bolesne rejestrowanie swoich obserwacji i doświadczeń z czasów wojny, o horrorze i niepojętych stratach. Pod koniec życia napisała:

Po ukończeniu ostatniej opowieści, którą napisałam, złożyłam przysięgę, że będzie to ostatni raz, gdy coś piszę. Z moim słabnącym wzrokiem już dłużej nie mogę współpracować. A jednak, oto znów piszę... czas bezczynności, którego mam pod dostatkiem, skłania umysł do przypomnienia sobie reminiscencji z życia. Napełniają one pamięć wspomnieniami, a żeby je złagodzić, muszę pisać, choć to trudne! Napisanie tego nie było łatwe i kosztowało mnie kilka bezsennych nocy. Teraz jest skończone i mam nadzieję, że nigdy więcej Żyd nie będzie musiał przeżywać takiego piekła. - Mania Lichtenstein

W czasie, gdy pisałam „Życie pośród umarłych," jednocześnie zgłosiłam imię Janiny Zawadzkiej do tytułu Sprawiedliwy wśród Narodów Świata przyznawanego przez Jad Waszem. Sprawiedliwi wśród Narodów Świata to lista osób niebędących Żydami, które zostały uhonorowane przez izraelskie muzeum Holokaustu za ryzykowanie własnego życia w celu pomocy Żydom podczas Zagłady. W grudniu 2020 roku otrzymałam list od Jad Waszem informujący, że Janina Zawadzka została uhonorowana, a jej imię teraz znajduje się w ogrodzie Jad Waszem obok innych Sprawiedliwych.

To ważne wyróżnienie jest zasługą odwagi i poświęcenia Janiny Zawadzkiej oraz wielu innych, którzy w obliczu zagłady Żydów podjęli heroiczne działania. Ich poświęcenie i ludzkość są godne najwyższego uznania.

Latem 2021 roku miałam wyjątkową okazję i znalazłam się w drodze do rodzinnego miasta mojej babci, obecnie położonego w zachodniej Ukrainie. Przed podróżą było dla mnie naprawdę niemożliwe wyobrażenie sobie obszaru, o którym moja babcia opowiadała. Jednak czarno-białe obrazy, które zagościły w mojej głowie, szybko nabrały kolorów i głębi; słoneczniki, które wyobrażałam sobie w myślach, fizycznie otoczyły mnie swoimi ogromnymi polami.

Podczas podróży spędziłam czas na ulicy mojej babci, szukając miejsca, gdzie kiedyś stał jej dom. Próbowałam sobie wyobrazić, jak moja babcia dorastała w tym miejscu, otoczona przez rodzinę, bawiąca się na ulicy z przyjaciółmi i wdychająca zapach pięknych kwiatów. Spojrzałam w niebo i zastanawiałam się czy patrzę w to samo miejsce, które widziała jako dziecko. Czy kiedyś patrzyła w górę, gdy było ciemno i gwiaździsto i wymyślała życzenia do spełnienia? Zastanawiałam się, jak niebo wypełnione życzeniami mogło stać się takie ciemne i brzydkie.

Podczas mojego pobytu w rodzinnym mieście Bubi spotkałam jednych z najwspanialszych ludzi jakich sobie można wyobrazić. Sąsiedzi mieszkający na jej ulicy poprosili mnie o zatrzymanie się i przedstawienie się. Jedliśmy wiśnie prosto z drzew i morele z winorośli. Odwiedziłam masowe groby, o których mówiła moja babcia, odkrywając, że są trzy, a nie dwa, o których mówiła. Termin mojej podróży nie mógł być lepszy, ponieważ Rosja zaatakowała Ukrainę zaledwie siedem miesięcy później.

Podczas pobytu w rodzinnym mieście Bubi miałam również przywilej spotkania potomków Pani Janiny Zawadzkiej,

Sprawiedliwej, która schroniła moją babcię. Przyjęli mnie do swojego domu, dzieląc się opowieściami, łzami i śmiechem. To było potężne i emocjonalne przeżycie, aby nawiązać kontakt z potomkami tych, którzy ryzykowali życiem, aby uratować moją babcię.

Odwiedzając lokalne archiwa, udało mi się zgromadzić dodatkowe informacje na temat rodziny mojej babci i ich życia w mieście. Dokumenty archiwalne dostarczyły historycznego kontekstu do tej opowieści, a ja lepiej zrozumiałam niuanse ich trudnego życia.

Podróż do rodzinnego miasta mojej babci była głęboką podróżą pamięci, połączenia z nią i odkrycia na nowo. Pozwoliła mi kroczyć jej śladami, zobaczyć miejsca, o których mówiła i poczuć obecność zarówno radości, jak i smutku, które zaznaczały jej wczesne lata. Wzmocniła we mnie przekonanie o wartości zachowywania i dzielenia się opowieściami rodzinnymi.

Miejsce, gdzie – według naszych ustaleń – znajdował się dom rodzinny Bubi.

Adena idąca w kierunku masowych grobów

Trzeci grób, do którego dotarliśmy jest uznany za grób tych żydowskich mężczyzn, kobiet i dzieci, które zginęły jako pierwsze. Są w nim pochowani najbliżsi Bubi zamordowani podczas pierwszego pogromu.

Pragnę podziękować mojej Bubi za podzielenie się swoją historią, a jednocześnie mam nadzieję, że lektura tej opowieści poszerzyła Twoją wiedzę i zrozumienie dotyczące Holocaustu. Byłoby bardzo miło, gdybyś mógł/mogła zamieścić krótką recenzję na stronie księgarni internetowej Amazon lub Goodreads. To pozwoliłoby na większą ekspozycję historii mojej babci.

Z góry dziękuję!

Adena Bernstein Astrowsky

DODATKI

Rozdział 5.

https://www.chabad.org/library/article_cdo/aid/3025072/jewish/What-Is-a-Shtetl-The-Jewish-Town.htm

https://www.facinghistory.org/holocaust-and-human-behavior/chapter-6/joining-hitler-youth

https://www.history.com/news/how-the-hitler-youth-turned-a-generation-ofkids-into-nazis

Rozdział 6.

https://www.jewishgen.org/Yizkor/Volodymyr_Volynskyy/volo22.html

https://encyclopedia.ushmm.org/content/en/article/nazi-propaganda

https://www.jewishgen.org/Yizkor/Volodymyr_Volynskyy/volo22.html

Rozdział 7.

https://www.jewishgen.org/Yizkor/Volodymyr_Volynskyy/volo22.html

https://encyclopedia.ushmm.org/content/en/article/forced-labor

https://www.yadvashem.org/untoldstories/database/index.asp?cid=1043

https://www.jewishgen.org/Yizkor/Volodymyr_Volynskyy/volo22.html

http://www.yivoencyclopedia.org/article.aspx/Ghettos/Ghetto_Police

Rozdział 8.

https://www.jewishgen.org/Yizkor/Volodymyr_Volynskyy/volo22.html

Rozdział 9.

https://www.jewishgen.org/Yizkor/Volodymyr_Volynskyy/volo22.html

https://www.myjewishlearning.com/article/what-were-pogroms/

https://www.jewishgen.org/Yizkor/Volodymyr_Volynskyy/Volodymyr_Volynskyy.html

https://encyclopedia.ushmm.org/content/en/article/einsatzgruppen

https://encyclopedia.ushmm.org/content/en/article/einsatzgruppen

Michael Berenbaum, *The World Must Know*, Johns Hopkins University Press

Wydanie poprawione (styczeń 2006)

https://www.jewishvirtuallibrary.org/babi-yar

http://www.holocaustresearchproject.org/einsatz/babiyar.html

https://www.yadvashem.org/untoldstories/documents/

https://www.jewishgen.org/Yizkor/Volodymyr_Volynskyy/volo22.html

https://www.chabad.org/library/article_cdo/aid/705353/jewish/The-Shema.htm

https://www.jewishgen.org/Yizkor/Volodymyr_Volynskyy/volo22.html

http://chelm.freeyellow.com/ludmir.html

Rozdział 10.

https://www.jewishgen.org/Yizkor/Volodymyr_Volynskyy/volo22.html

Rozdział 11.

http://chelm.freeyellow.com/austila.html

http://chelm.freeyellow.com/piatydni.html

Rozdział 12.

https://www.jewishgen.org/Yizkor/Volodymyr_Volynskyy/volo22.html

Rozdział 14.

https://www.yadvashem.org/untoldstories/database/index.asp?cid=1043

www.ingramcontent.com/pod-product-compliance
Lightning Source LLC
LaVergne TN
LVHW041607070526
838199LV00052B/3027